# 新能源汽车综合故障诊断

主　编　潘美玲　杨金玉　李　昂
副主编　赵文博　郝大伟　马占奎　张世亮

东北师范大学出版社
长　春

### 图书在版编目(CIP)数据

新能源汽车综合故障诊断 / 潘美玲,杨金玉,李昂主编. —长春:东北师范大学出版社,2024.1
 ISBN 978-7-5771-0766-0

Ⅰ.①新… Ⅱ.①潘… ②杨… ③李… Ⅲ.①新能源－汽车－故障诊断 Ⅳ.①U469.707

中国国家版本馆CIP数据核字(2024)第033613号

□责任编辑:杜 境 □封面设计:张 然
□责任校对:尹 珺 □责任印制:许 冰

东北师范大学出版社出版发行
长春净月经济开发区金宝街118号(邮政编码:130117)
电话:0431-84568096
网址:http://www.nenup.com
东北师范大学音像出版社制版
长春第二新华印刷有限责任公司印装
长春市绿园区长白公路8177号(130113)
2024年1月第1版 2024年1月第1次印刷
幅面尺寸:185 mm×260 mm 印张:11.25 字数:204千
定价:36.00元

# 内容简介

　　根据新能源汽车综合故障诊断的理论体系，本书共分为五个项目，即低压系统故障诊断与排除、高压系统故障诊断与排除、控制系统故障诊断与排除、充电系统故障诊断与排除、纯电动汽车空调故障诊断与排除。这五个项目是以岗课赛证融通为依据来确定的。其中项目二、三、四为本书的重点部分，也是新能源汽车与传统燃油车相比，故障差异最明显的部分。教材内容紧跟新能源汽车产业发展趋势，将新能源汽车行业新技术、新规范、典型故障案例纳入教材内容，反映新能源汽车维修工典型岗位业能力要求。并在教材中充分融入二十大报告、社会主义核心价值观、劳模精神、劳动精神、工匠精神等内容。是以职业教育国家教学标准为基本遵循，衔接混合式模块化教学模式的教材。

　　本书可作为高职高专新能源汽车类相关专业的教学用书，也可作为从事新能源汽车相关领域的工程技术人员、管理人员和科研人员的参考用书。

# 前　言

二十大报告中，绿色发展战略升级，同时首次提出积极稳妥推进碳达峰碳中和目标。绿色发展所要求的产业结构、能源结构、交通运输结构等调整优化，节能降碳先进技术研发和推广应用；双碳目标中要控制的化石能源消耗、交通的清洁低碳转型，都需要新能源汽车及其连带产业来实现。在新时代，新能源汽车作为战略性新兴产业的地位相当稳固，依旧会在国家重点发展的行业之列。同时，新能源汽车产业，也会是绿色发展，双碳目标达成的重要抓手。

本书主要内容包括低压系统故障诊断与排除、高压系统故障诊断与排除、控制系统故障诊断与排除、充电系统故障诊断与排除、纯电动汽车空调故障诊断与排除，共计五大项目。本教材依据《汽车运用与维修（含智能新能源汽车）1+X证书制度职业技能等级标准》《智能新能源汽车职业技能等级证书智能新能源汽车职业技能考核［中级］培训方案准则》，融入全国职业院校技能大赛规程，结合新能源汽车产业现有最新技术资料及案例解析进行编写，教材中相关技术内容及符号等都采用最新国家标准。

本书由内蒙古交通职业技术学院潘美玲、杨金玉、李昂担任主编；由内蒙古交通职业技术学院赵文博、郝大伟，以及赤峰鑫港汽车服务有限公司技术经理马占奎、张世亮担任副主编。具体分工如下：潘美玲任第一主编，负责编写项目一、项目五，共计约 60 千字；杨金玉任第二主编，负责编写项目二，共计约 40 千字；李昂任第三主编，负责编写项目三，共计约 40 千字；赵文博任第一副主编，负责编写项目四任务 1 部分，共计约 40 千字；郝大伟任第二副主编，马占奎任第三副主编，张世亮任第四副主编，共同负责编写项目四任务 2、任务 3 部分，共计约 204 千字。全书由第一主编潘美玲统稿完成。

# 目　录

**项目一　低压系统故障诊断与排除** ·········································································· **001**

　　任务一　低压蓄电池故障诊断与排除 ··································································· 001

　　任务二　低压电源线路故障诊断与排除 ······························································ 017

　　任务三　启动仪表无反应故障诊断与排除 ·························································· 029

**项目二　高压系统故障诊断与排除** ·········································································· **039**

　　任务一　高压绝缘故障诊断与排除 ······································································ 039

　　任务二　高压互锁故障诊断与排除 ······································································ 054

　　任务三　仪表无 READY 指示灯故障诊断与排除 ················································ 070

**项目三　控制系统故障诊断与排除** ·········································································· **078**

　　任务一　电池管理系统故障诊断与排除 ······························································ 078

　　任务二　电机控制系统故障诊断与排除 ······························································ 090

　　任务三　整车控制系统故障诊断与排除 ······························································ 103

**项目四　充电系统故障诊断与排除** ·········································································· **112**

　　任务一　交流充电系统低压故障诊断与排除 ······················································ 112

　　任务二　交流充电枪元件故障诊断与排除 ·························································· 126

　　任务三　OBC 及其线路故障诊断与排除 ···························································· 136

**项目五　纯电动汽车空调故障诊断与排除** ······························································ **149**

　　任务一　空调制冷异常 ·························································································· 149

　　任务二　空调制热异常 ·························································································· 164

# 项目一　低压系统故障诊断与排除

## 任务一　低压蓄电池故障诊断与排除

### 知识学习

#### 一、新能源汽车低压蓄电池的作用

新能源汽车的电源部分包括主电源和辅助电源。主电源为驱动汽车行驶的高压电源；辅助电源（低压蓄电池）是为车载各种仪表、控制系统供电的直流低压电源。新能源汽车电源模块是整个系统稳定运行的保障。电源的可靠性对整个汽车系统的性能起着至关重要的作用。新能源汽车中通常除了有提供动力的电池以外，还有12 V的低压蓄电池，如图1-1-1所示。

微课视频

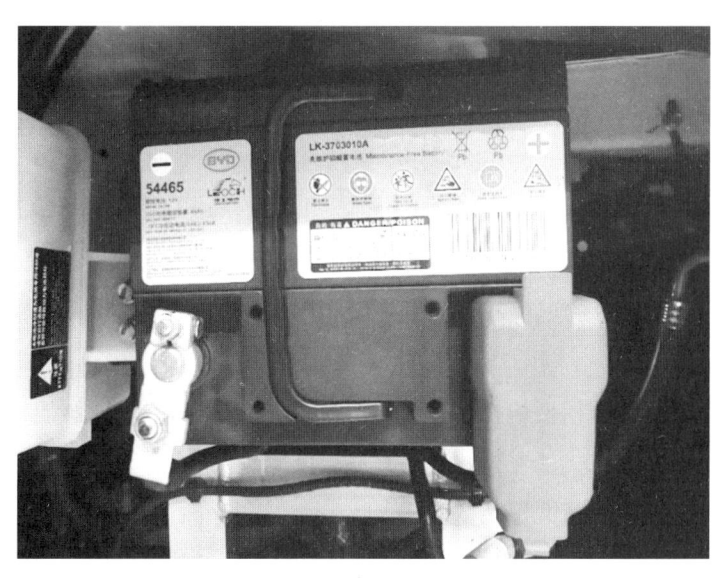

图1-1-1　比亚迪秦EV低压蓄电池

动力电池高压电气系统即动力蓄电池，主要用来驱动汽车电动机，如汽车启动、行驶及加速时需要动力电池的大电压来实现，以及为大功率子系统供电。低压电气系统就是我们通常所说的12 V小电瓶，它通常用于汽车的低压功率系统。在汽车正常上电时，高压DC/DC会自动启动，提供整车电网电压，类似于传统汽车的发电机，在汽车启动后自动运行。

混合动力汽车和纯电动汽车理论上可以省去低压蓄电池，但实际上还是将其保留了。这样做主要有两个原因：一是保留低压蓄电池能够降低车辆的成本，二是确保电源的冗余度。

蓄电池能在短时间内向空调、刮水器及车灯等释放大电流。如果省去蓄电池而将高压动力电池的电力用于空调及刮水器等，DC/DC转换器的尺寸势必就要加大，这样会使整车成本增加，蓄电池的价格比较便宜，因此，目前来看，将蓄电池取消，汽车在制造成本上没有优势。

蓄电池还具有确保向辅助类电器供电的冗余度的作用。DC/DC转换器出现故障停止供电时，如果没有蓄电池，辅助类电器就会立即停止运行，如夜间车灯不亮、雨天刮水器停止运行等，会影响驾驶。如果有蓄电池，它能够确保汽车有一定电量，既安全，又方便驾驶员将车辆送去修理。

新能源汽车低压蓄电池的作用可以归纳为以下几点：

### （一）启动安全

在车辆未启动前，高压动力电池默认为断开状态，在向外界输出功率之前，需要有一个装置将动力电池的开关打开，一般使用继电器，而继电器的驱动需要另外一个低压12 V电源来支持。

### （二）高压断电时维持低压网络运行

低压网络包括许多核心控制器，当高压系统因为出现回路断路、断开维修开关等高压断电的情况，12 V低压系统能为整车电网提供电压，维持相关操作的进行，如静态车辆演示、电器诊断、防盗匹配和软件刷新等。

### （三）保证行驶中的车辆在高压突然断电时的安全

车辆在高速行驶过程中，如果高压系统突然断电，如高压自动断开等，此时，低压系统工作，可维持挡位切换，保证车辆能继续行驶，转向系统能继续工作，保证车辆能紧急避让。

### （四）为低压系统提供稳定的电源

低压电网中有很多重要的安全零部件，如大灯、双闪、底盘控制器和转向系统等，低压蓄电池能够保证这些重要安全零部件在特殊情况下仍能正常工作。

低压蓄电池是技术非常成熟的储能设备，在传统的燃油汽车上，蓄电池主要负责在发电机未工作时为启动系统和其他用电设备提供电能。特别是启动机在工作时需要很大的电流，因此燃油汽车的蓄电池都比较强调启动性能，人们对蓄电池的启动电流和容量都有一定的要求。但是大多数新能源汽车没有启动发动机的任务，低压蓄电池的主要功能是给控制模块和低功率用电系统提供电能，因此在新能源汽车中，蓄电池的功能更加单一，工况更加简单。目前，最常见的蓄电池还是铅酸蓄电池，这种类型的蓄电池工艺成熟、性能稳定、成本低，在汽车上已经应用了很长时间，无论是生产还是适配都已经形成了比较完整的体系。

## 二、蓄电池的结构

如图 1-1-2 所示，蓄电池由极板（包括正极板和负极板）、隔板、电解液、电槽、池槽、蓄电池盖、端子等组成。这种类型的蓄电池工艺成熟，性能稳定，成本低，在汽车上已经应用了很长时间，无论是生产还是适配都已经形成了比较完整的体系，但是也存在着寿命短、质量重、污染大的缺点。

人们在使用中应注意，铅酸蓄电池的电解液腐蚀性极强，溅到人的皮肤上或眼睛里会使人受伤。如果人的皮肤接触了蓄电池电解液要立即用苏打水冲洗，溅到眼睛里应立即用凉水或医用眼睛冲洗器冲洗，然后进行适当处置。

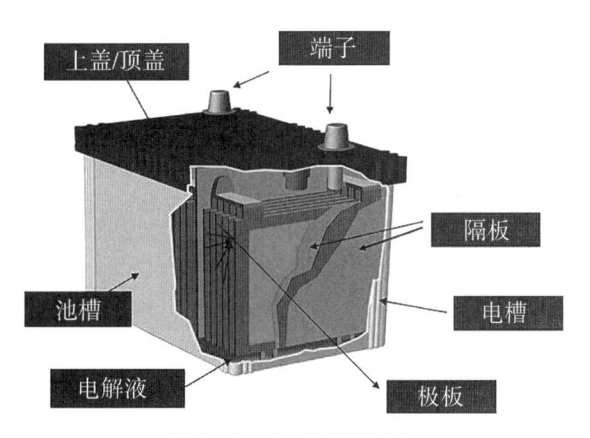

图 1-1-2 铅酸蓄电池

也有部分厂家采用了能量密度更高、寿命更长、更加环保的磷酸铁锂蓄电池，比亚迪 e5 用的低压蓄电池就是磷酸铁锂蓄电池，但其价格昂贵（大概是铅酸蓄电池价格的 3 至 5 倍），因此在其他新能源汽车中应用量较小。比亚迪车型低压铁电池由电芯和模块两部分组成，如图 1-1-3 所示。其中电芯由 4 节磷酸铁锂电池单体串联而成。

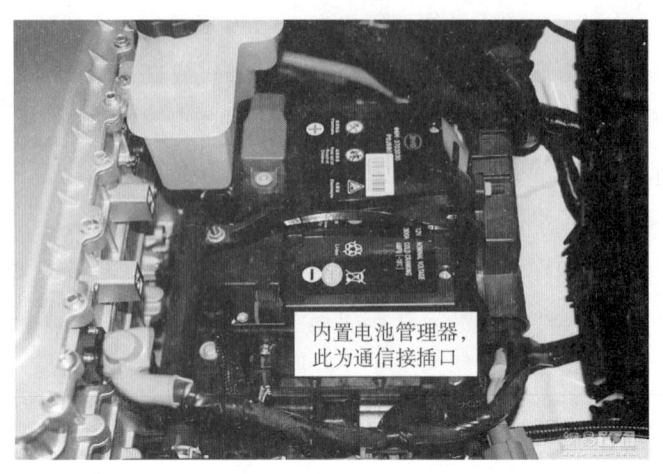

图 1-1-3 比亚迪秦低压电池的组成

### 三、新能源汽车低压电池管理系统

我们以比亚迪秦为例，阐述新能源汽车低压电池管理系统的工作过程。

#### （一）低压蓄电池安装位置

比亚迪 e5 车型低压蓄电池采用比亚迪自制的低压电池，并且内部集成电池管理器（也称 BMS），其通过通信口和整车模块交互信息。有的低压电池安装在机舱左侧，如图 1-1-4 所示，有的低压电池安装在后备厢左侧，如图 1-1-5 所示。

图 1-1-4 比亚迪秦 EV 低压蓄电池

图 1-1-5 比亚迪秦 PLUS 低压蓄电池

(二) 低压蓄电池的功能及数据流

1. 低压配电

比亚迪秦低压蓄电池与 DC/DC 低压输出端并联，通过正极熔断丝盒为整车低压电器提供 13.8 V 电源。DC/DC 集成在高压电控总成内部，车辆在启动后或充电时，为低压电池补充电量，相当于传统燃油车上的发电机。正极熔断丝盒外挂在低压蓄电池侧面，DC/DC 低压输出正极与低压电池正极在正极熔断丝盒里通过螺栓连接，熔断丝盒内还有 3 个熔断丝，分别是 70A（至前舱配电盒）、70A（至前舱配电盒）、200A（至 REPS 电机）。比亚迪秦正极熔断丝盒安装位置如图 1-1-6 所示，其内部熔断丝承受大小不同的电流，如图 1-1-7 所示。

**前舱正极熔断丝盒**

图 1-1-6 比亚迪秦正极熔断丝盒

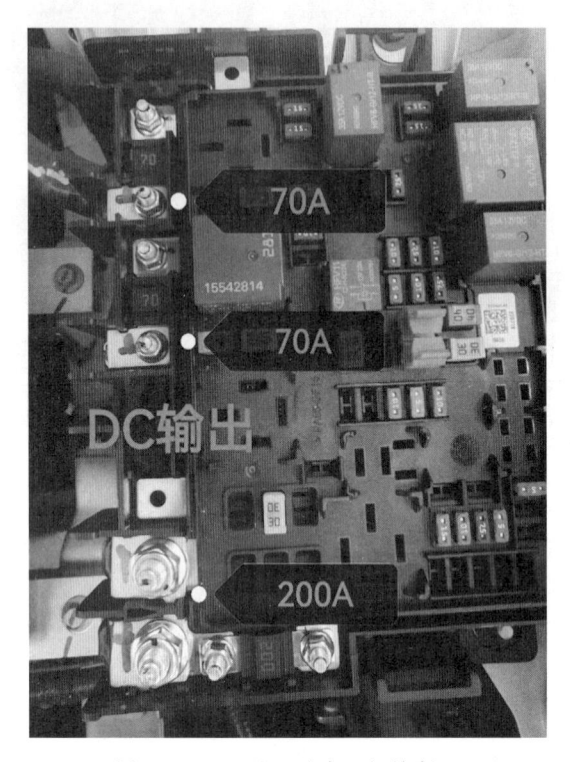

图 1-1-7　比亚迪秦正极熔断丝

**2. 低压蓄电池的控制逻辑**

低压蓄电池模块部分是 BMS 系统，与动力电池管理器系统一样，具有电压、电流和温度监测功能，出现异常时会触发故障报警功能，当低压电池故障报警时，仪表上的故障指示灯亮起，同时显示"蓄电池电量不足，车辆即将退电"，如图 1-1-8 所示。

图 1-1-8　低压蓄电池故障报警

低压电池带有 BMS 系统，当它监测到低压电池 SOC 低于 40% 时，将会向高压 BMS 发送充电请求，若整车满足一定条件（前舱盖关闭、"OFF"挡、高压系统正常等），将会启动 DC/DC 给低压电池充电，组合仪表提示"低压电池电量低，进入智能充电模式"，此为"智能充电功能"。若智能充电失效，低压电池有可能切断整车电源（低压电池正极柱与电芯正极之间通过继电器和 MOS 管连接，BMS 可对该继电器和 MOS 管进行开闭控制），如发现车辆无电时，可尝试持续按下左前门微动开关激活启动低压电池，并立即启动车辆给低压电池充电。

**3. 低压电池的数据流**

比亚迪车型低压电池监控数据流，如图 1-1-9 所示。

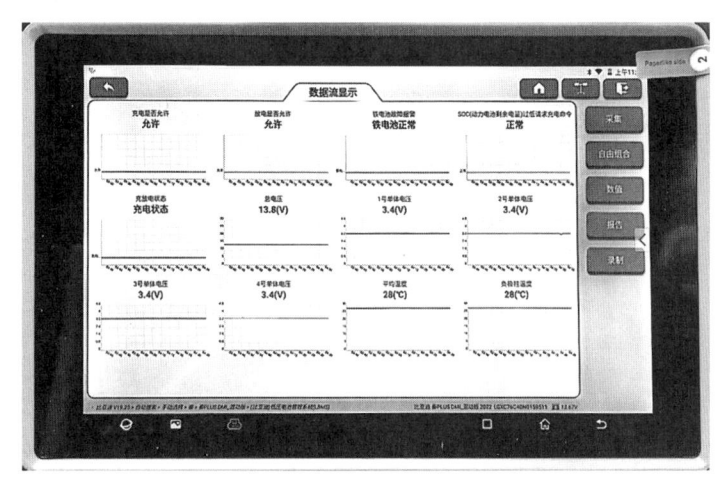

a 比亚迪秦低压电池的数据流图形显示

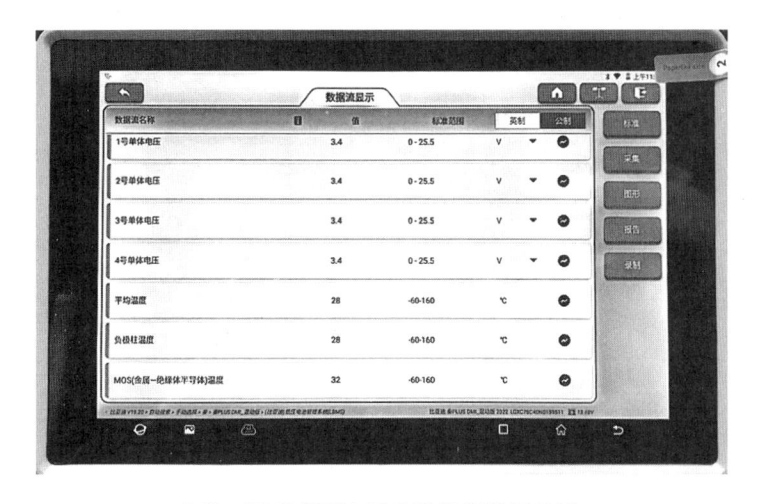

b 比亚迪秦低压电池的数据流数据显示

图 1-1-9 比亚迪秦低压电池的数据流

**4. 超低功耗设置**

对于库存车辆，为保护低压电池电芯，我们可以对 BMS 进行主动设置，使低压电池进入超低功耗状态，此时正极柱对外输出断开，整车无电。操作方法如图 1-1-10 所示。

（1）用诊断仪进入低压电池管理系统（BMS）。

（2）选择低压电池管理系统的主动控制，再选择"启动铁电池整车超低功耗功能"，此时整车断电。

（3）切记不可再次按压左前门微动开关，否则之前设置的"超低功耗"状态将会失效，需要重新通过诊断仪设置。

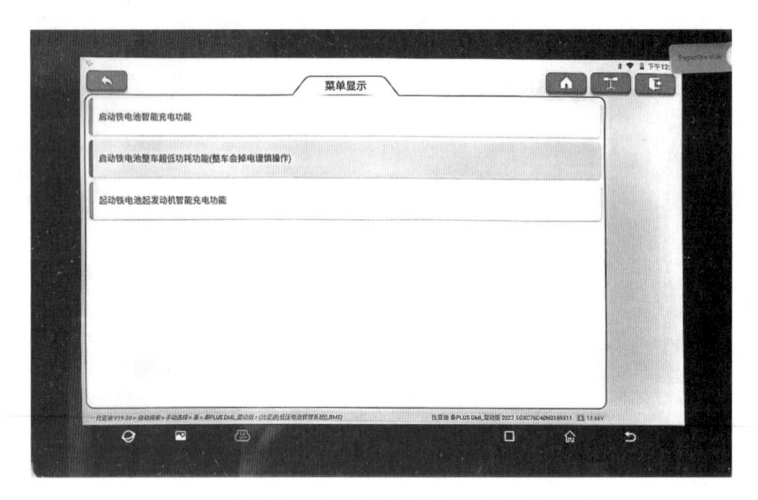

a 比亚迪秦低压电池的超低功耗设置第一步

b 比亚迪秦低压电池的超低功耗设置第二步

图 1-1-10　比亚迪秦低压电池的超低功耗设置

## 四、新能源汽车低压蓄电池故障诊断与排除案例

在能源紧张，环境问题不断加剧的今天，发展新能源汽车已经成为节能减排、发展低碳经济的重要途径。相对于传统汽车，新能源汽车的电气化程度更高。随着新能源汽车市场保有量的增加，许多问题逐渐凸显，例如常见的低压蓄电池保养问题，因为其独特的管理逻辑困扰着很多新能源汽车用户。我们以一台比亚迪秦A5EV车辆案例来说明新能源汽车低压蓄电池故障排除的方法。

### （一）故障现象

一辆比亚迪秦 A5EV，客户拖车来店，反映车辆正常行驶之后靠边停车，突然全车断电，无法重新启动。

### （二）故障分析

在图 1-1-11 比亚迪秦的电路图中，我们可以找到低压蓄电池，可以看到蓄电池正极通过 F1/48 保险以后给整车供电，F1/48 保险是个 200A 的大电流保险片，还可以看到动力电池的高压电经过 DC/DC 转换后给整车低压系统供电的同时给低压蓄电池充电。蓄电池负极通过负极搭铁线连接到 Fa01 接地点。

对于该故障，我们的排故思路是优先排查低压线路，因为低压系统控制全车模块，全车断电是典型的低压系统故障的表现。我们按照由简单到困难的原则进行排查，使用万用表、诊断仪等进行诊断。造成本次故障的原因可能是以下几种：

(1) 低压电池本身故障。

(2) 低压电池主保险故障。

(3) 搭铁点故障。

(4) 其他主供电保险或线路故障。

(5) 车载电源 DC 不充电。

(6) 其他可能（控制模块故障等）。

整车断电通常无法使用诊断仪，所以我们使用万用表等检测仪器排查相关部件、线路的输入输出电压和线路通断情况等。

除了电池本身的问题，电一般通过几个不同的保险丝和继电器后分布到车辆的各个模块和系统，并供给某一部分用电，一旦保险丝或者继电器出现故障，会导致下游所有的模块或系统因失去供电无法工作。判断是否是这类故障需要分析电路图，如果发现无法工作的系统来自同一个上游供电部件，则基本可以判断是此供电部件故障导致的。这样的方法有助于快速定位故障位置，缩短故障排除时间。

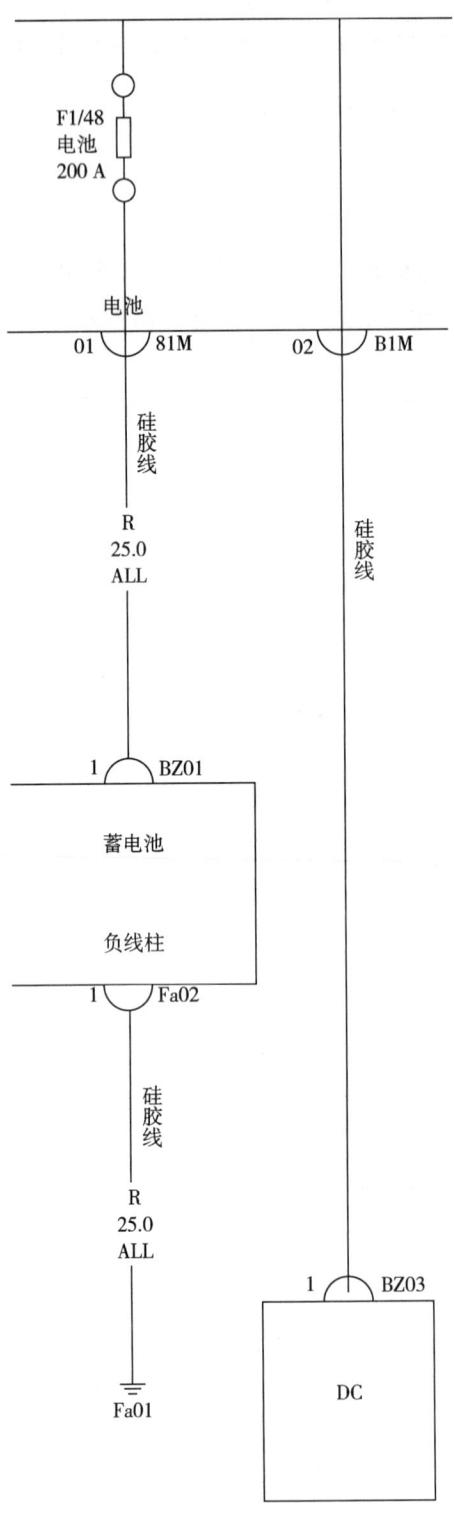

图 1-1-11　比亚迪秦的电路图

## (三) 故障诊断与排除

(1) 按下遥控开锁按钮及左前门微动开关均不能开启车门,使用机械钥匙打开车门,拉开前舱机盖,测量低压电池正负极柱之间电压为 0 V,如图 1-1-12 所示。

图 1-1-12　测量低压电池正负极柱之间电压

(2) 测量低压。电池通信接口 6 号针脚与负极之间电压为 10.41 V,如图 1-1-13 所示。判定低压电池进入超低功耗状态,将 6 号针脚与负极柱进行短接,也无法唤醒。

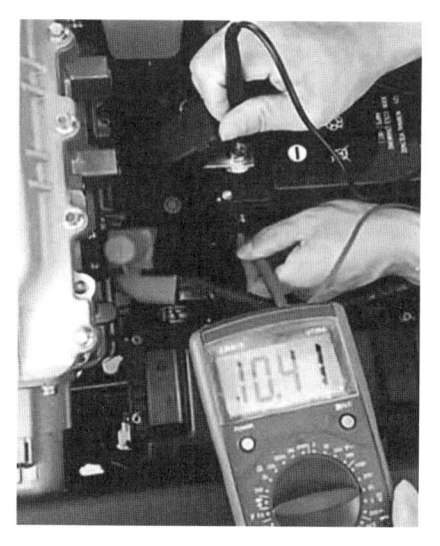

图 1-1-13　电池通信接口 6 号针脚与负极之间电压

（3）并联电池启动车辆，仪表提示请检查低压电池系统，VDS 扫描不到低压电池。

（4）测量低压电池 CAN 线对搭铁电压正常，如图 1-1-14 所示。

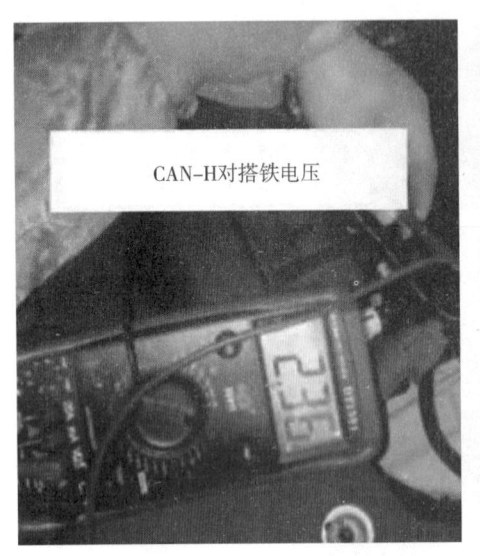

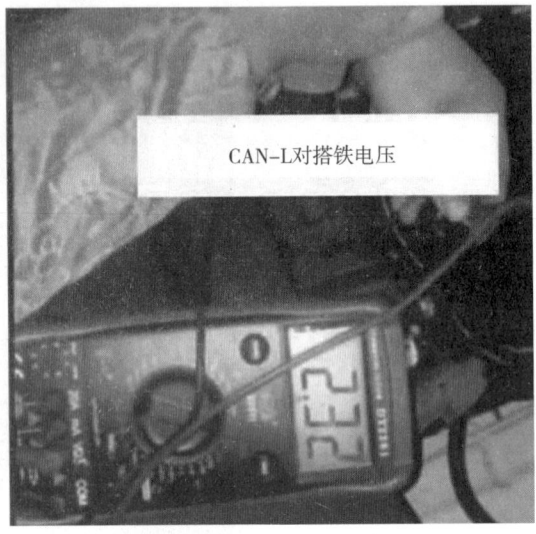

图 1-1-14　低压电池 CAN 线对搭铁电压

（5）检查 DC/DC 输出电压大于 13 V，且 DC/DC 数据流正常，如图 1-1-15 所示，确认低压电池内部故障。

| 名称 | 值 | 参考值 | 单位 |
| --- | --- | --- | --- |
| 工作状态 | 无效数据 | | |
| 放电是否允许 | 允许 | | |
| DC系统故障状态 | 正常 | | |
| DC工作模式 | 降压状态 | | |
| 高压侧电压 | 635 | 0...1000 | 伏 |
| 高压侧电流 | -50 | -50...50 | 安培 |
| 低压侧电压 | 13.9 | 0...20 | 伏 |
| 低压侧电流 | -212 | -250...250 | 安培 |
| MOS管温度 | 44 | -40...200 | ℃ |

图 1-1-15　DC/DC 数据流

（6）故障排除。更换低压电池后，试车故障排除。

项目一　低压系统故障诊断与排除

## 拓展知识

新兴产业如火如荼，下一步怎么走？

近些年，以宁德时代等为代表的中国企业加大研发力度，努力占领全球新能源产业制高点，着实跑出了亮眼成绩——2022 年，全球新能源汽车销量排名前十的企业集团里中国占了 3 席，动力电池装机量前十的企业里中国占 6 席。

2022 年，中国出口新能源汽车 67.9 万辆，同比增长 120%，连续 8 年新能源汽车产销量世界第一。

图 1-1-16　广州一家新能源汽车生产线，机器人手臂在安装汽车轮胎

国家产业政策一定要稳慎，制定产业政策、推动产业发展都要稳慎。希望我们的新能源产业，既要抓住机遇顺势而上，也要统筹好发展和安全的关系。

大发展之下，"稳"是基础、是前提。正如习近平总书记所说："在守住根基、稳住阵脚的基础上积极进取，不停步、能快则快，争取最好结果。"

正是在这种辩证思维引领下，我国战略性新兴产业近年来取得了令世界瞩目的突破性发展。

（节选自央视新闻，有改动）

## 实训任务

### 【任务导入】

传统铅酸蓄电池的循环寿命是有限的，因为低压蓄电池主要给新能源汽车的低压系统供电，低压系统包括各个控制模块及小功率用电设备，所以一旦低压蓄电池出现故障，汽车的很多系统都会无法正常工作。例如车窗、仪表、空调、启动系统等。由于新能源汽车无法像燃油汽车一样通过启动并观察瞬间启动机的工作状态来辅助判断蓄电池的工作状况，因此蓄电池本身故障造成汽车突然无法启动的故障在新能源汽车上表现得更加隐秘，发生率也更高。

**【任务描述】**

一辆比亚迪秦 A5EV，客户拖车来店，反映车辆正常行驶之后靠边停车，突然全车断电，无法重新启动。请你为车主的爱车进行故障排除。

**【任务目标】**

1. 能叙述新能源汽车低压蓄电池的作用是什么。
2. 能通过实车介绍新能源汽车低压电池管理系统的控制原理。
3. 能列举几种新能源汽车低压电池故障的类型及诊断方法。
4. 能列举中国品牌新能源汽车用低压蓄电池的领先水平。

**【任务准备】**

## 一、知识准备

1. 新能源汽车低压蓄电池的作用。
2. 新能源汽车低压电池管理系统的控制原理。
3. 新能源汽车低压蓄电池故障诊断与排除方法。

请把自己需要掌握的知识点和技能点填入下表。

| | |
|---|---|
| 知识点 | 1. |
| | 2. |
| | 3. |
| 技能点 | 1. |
| | 2. |
| | 3. |

## 二、工作场地

理实一体化教室

## 三、设备准备

新能源实训车辆

【任务计划与实施】

学生在教师的引导下分组，以小组为单位学习相关知识，并回答下列问题。

1. 新能源汽车低压蓄电池的作用是什么？

2. 新能源汽车低压电池管理系统的控制原理是什么？

3. 列举几种新能源汽车低压电池故障的类型及诊断方法。

4. 看到比亚迪新能源汽车的发展现状，你有哪些感悟？

【评价与反馈】

一、填空题

1. 新能源汽车的电源部分包括主电源和_____。主电源为驱动汽车行驶的高压电源，_____是为车载各种仪表、控制系统供电的直流_____电源。

2. 车辆在高速行驶过程中，如果高压系统突然断电，此时，_____系统工作，维持挡位切换，保证车辆_____运转，转向系统_____工作，保证车辆能紧急避让。

二、判断题

1. （　　）目前，最常见的蓄电池还是铅酸蓄电池。

2. （　　）比亚迪 e5 用的低压蓄电池就是磷酸铁锂蓄电池。

3. （　　）新能源汽车低压蓄电池有保护启动安全的作用。

4. （　　）新能源汽车低压蓄电池可以在高压断电时维持低压网络运行。

## 三、技能考核

### 学生实践记录表

| 班级 | | 车型及年款 | | 配分 | 得分 |
|---|---|---|---|---|---|
| 姓名 | | 学号 | | 100 | |
| 实践设备 | | | | 5 | |
| 资料查阅 | | | | 10 | |
| 实施流程 | 绘制新能源汽车低压蓄电池故障诊断思路导图。 | | | 30 | |
| | 对新能源汽车低压蓄电池故障点进行检测。 | | | 30 | |
| 归纳总结 | | | | 15 | |
| 6S 整理：整理□ 整顿□ 清扫□ 清洁□ 素养□ 安全□ | | | | 10 | |
| 自我评价 | 良好□ 合格□ 不合格□ 分数_____ | | | | |
| 教师评价 | 良好□ 合格□ 不合格□ 分数_____ | | | | |

实操演示

## 任务二  低压电源线路故障诊断与排除

### 一、低压电气系统的作用

新能源汽车不管是强混、插电/增程式混合动力，还是纯电动汽车，整个系统架构上大部分都用 DC/DC 转换器来取代原有的发电机。DC/DC 转换器本身是电子控制器件，对电流和电压均可进行较精确的控制，所以可以实现对低压蓄电池的能量管理。DC/DC 转换器一般和车载充电机等集成安装在前机舱内，如图 1-2-1 所示。

微课视频

a DC/DC 转换器与其他部件集成体

b 集成体介绍铭牌

图 1-2-1  DC/DC 转换器

目前，低压电气系统通常采用12 V/24 V直流电源为整车低压电源，一方面为灯光和刮水器等常规低压电器供电，另一方面为整车控制器、电机控制系统、电池管理系统，以及高压设备的控制器及冷却电动水泵等辅件供电。

新能源汽车的常规低压电器的线路与传统汽车基本没有区别，除了使用DC/DC转化器代替发电机以外，与传统汽车有区别的地方主要是使用低压线路控制高压线路、整车控制器、充电系统等传统汽车没有的部分。新能源汽车整个系统结构，特别是控制结构比传统汽车要复杂一些，使得12 V总线上的控制模块较多。

## 二、新能源汽车低压电源线路故障

在新能源汽车使用的过程中，高压电池为汽车提供动力。汽车大多数情况下都是利用DC/DC转换器将高压电池的电能进行转换并供给低压电池及车载低压电网，低压蓄电池是车载低压电网的"缓冲器"，为DC/DC转换器提供备份保障，防止DC/DC转换器出现问题导致安全事故。

在汽车低压蓄电池供电充足的情况下，车内的系统可以正常运行，如图1-2-2所示。

图1-2-2 正常状态系统显示

人们考虑低压供电线路的负载与成本，往往使不同系统共用一个电源，因此低压供电线路故障常常会引起大面积的关联故障。另外低压系统给高压系统、整车控制器、充电系统等供电，一旦低压系统出现问题，可能会导致高压系统不工作，并出现整车断电、车辆无法行驶、充电异常等情况，如图1-2-3所示。

图1-2-3 整车掉电

人们在排查这种故障时要注意利用诊断仪、数据流等辅助诊断，这样可以节省时间和成本。

## 三、新能源汽车低压电源线路故障诊断与排除案例

### （一）故障现象

一辆 2018 年产的比亚迪 e5 纯电动汽车，按下启动按钮上电，发现仪表"OK"灯不亮，车辆无法行驶；同时仪表显示"请检查动力系统"，电子驻车系统、动力电池过热系统、充电系统等多个故障警告灯亮起，如图 1-2-4 所示。

图 1-2-4 故障现象

### （二）故障分析

（1）防盗系统故障：比如钥匙无电，智能钥匙系统、电源开关或车身控制系统 BCM 有故障。

（2）低压电池故障：低压电池内部包含电池管理器，其通过通信口和整车模块交互信息；低压电池提供 12 V 低压电压，为电动车管理器提供 12 V 电源电压，假如低压电池损坏或电压过低，电动车管理器无法正常工作，就会导致车辆无法上电。

（3）通信故障：如网关、网络节点或与上电有关的网络出现故障，就会导致模块控制系统无法正常工作。

（4）模块电源故障：比如电池管理系统 BMS、整车控制系统、车身控制系统 BCM 等控制系统电源出现故障。

（5）高压故障：互锁断路、绝缘故障或维修开关等故障导致不能上电。

### （三）故障诊断与排除

我们在维修车辆前要做好前期准备工作：进入场地，设置隔离带，放置安全警告牌；检查灭火器是否正常；检查安全帽、护目镜、耐磨手套、绝缘手套是否完好；检查万用表是否正常并调零；检查绝缘电阻测试仪是否正常，并进行开路测试及短路测试。准备工作结束后，我们首先连接诊断仪、解码器，并选择车型读取故障代码，并清除故障代码读取数据流，发现多个模块读取不到 VTOG、DC/DC、BMS

及漏电传感器。根据诊断信息，我们先检查网关的动力网情况，找到 GO312 和 13 号针脚，检测 12 号针脚 CAN-H 电压为 2.5 V，正常，检测 13 号针脚 CAN-H 电压为 2.2 V，也正常；接下来检测 CAN-L 和 CAN-H 之间的电阻情况，在检测前，我们先断开蓄电池负极电源 3 分钟，检测动力网 CAN-L 和 CAN-H 之间电阻为 63.3 Ω，正常，再检测 12 号针脚测量电阻为 21 MΩ 正常及 13 号针脚对地短路测量电阻为无穷大，正常，说明 CAN 线正常。接着，我们检查不能通信的模块之间的关联性。经查阅维修手册电路图，我们发现 DC/DC 和漏电传感器是同一个保险丝 F2/32，VTOG、DC/DC、BMC 也有一个共同保险丝 F2/4，如图 1-2-5 所示，这几个模块有两个共同的保险丝，一个是上游保险丝 F2/4，另一个是下游保险丝 F2/32，如图 1-2-6 所示。

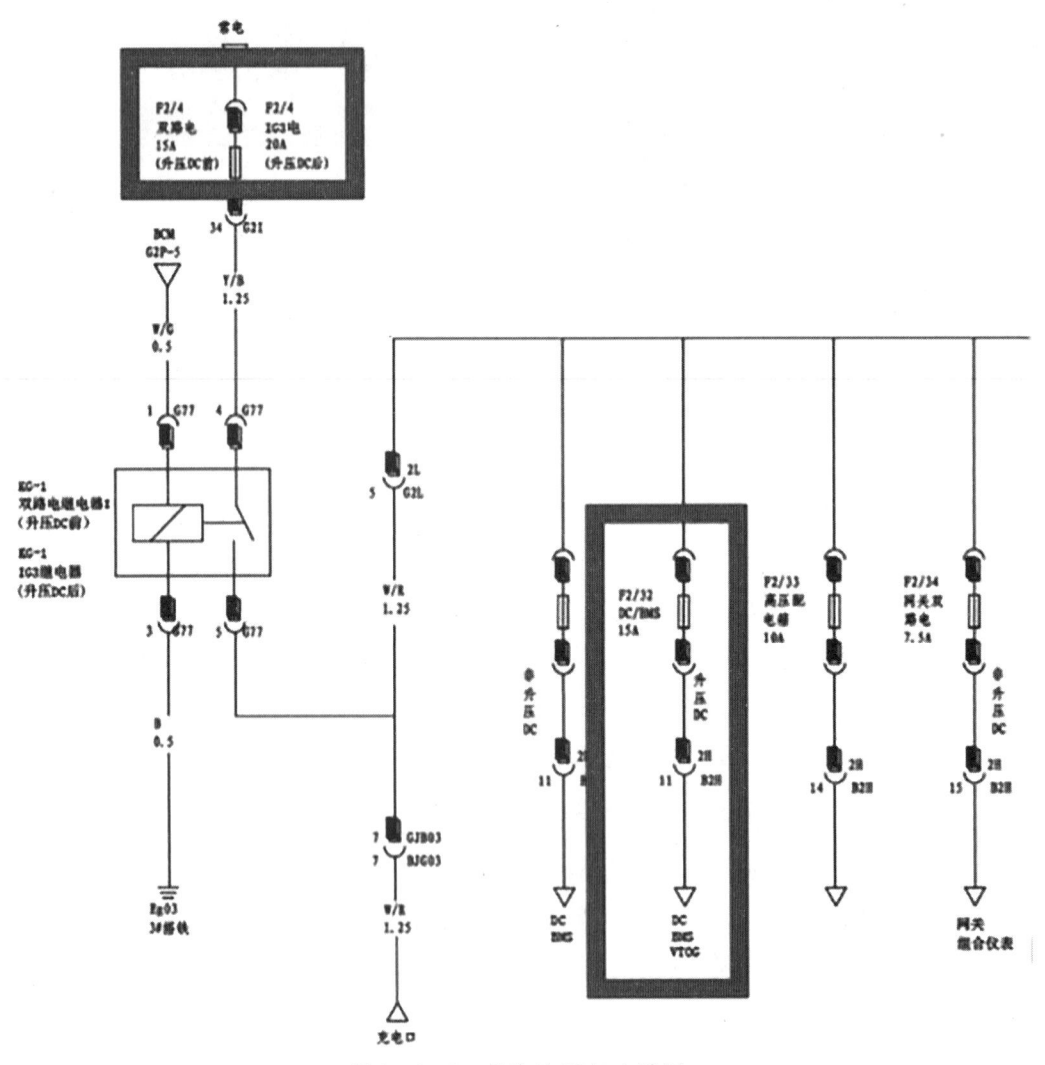

图 1-2-5 保险丝 F2/4 电路图

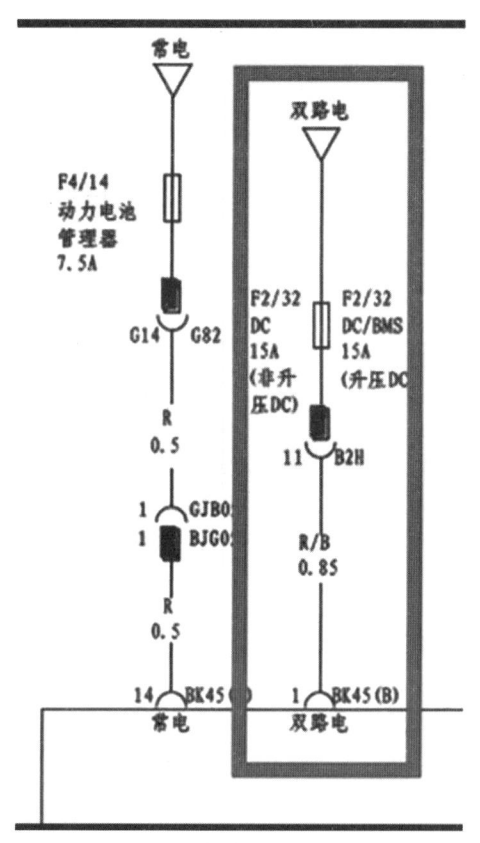

图 1-2-6 保险丝 F2/32 电路图

接上蓄电池负极,检测保险丝 F2/4 输入及输出端电压为 12 V 左右,正常;检查不能通信模块 BMC 的双路电针脚电压为 0 V,不正常,同时测量电阻值为无穷大,说明电路断路,如图 1-2-7 所示。

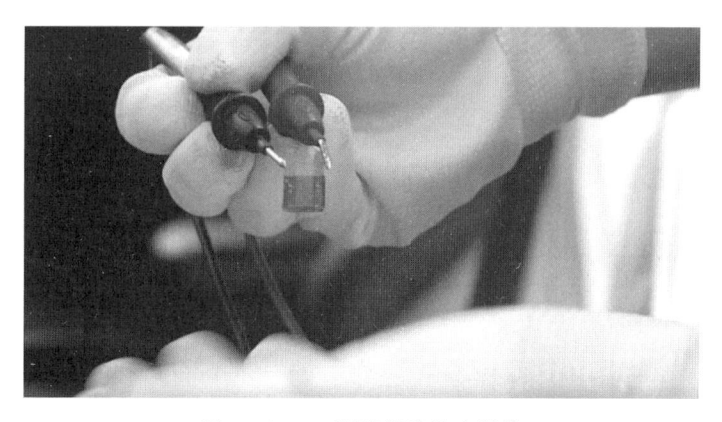

图 1-2-7 测量保险丝电阻值

（注意：拔、插连接器前应下电并断开蓄电池负极，之后重新打开电源进行测量。）

可能是 F2/32 保险丝有问题。我们检查 F2/32 保险丝输入电压为 12 V，输出电压为 0 V，不正常。然后，我们拔下保险丝测量保险丝的导通性，结果检测出电阻为无穷大，说明保险丝断路。更换新的保险丝重新打开电源，"OK"灯点亮，但过一会儿就熄灭了，仪表又出现动力系统警告"请检查动力系统"。我们再次关闭及启动上电按钮，"OK"灯点亮，正常，过一会儿就熄灭了，像电路接触不良一样；接着我们重新读取故障代码，发现故障代码为"P1A6000"，它的含意为高压互锁1锁止故障，如图1-2-8所示。

图1-2-8 故障代码

这说明故障还没有排除。高压互锁是纯电动汽车利用低压信号监测高压回路完整性的安全设计措施。监测高压部件盖板是否可靠关闭的行程开关及车辆碰撞和翻转信号监测装置，用于触发断电信号系统，确保在毫秒级时间内断开高压回路，进而控制高压电路的通断，避免漏电或发生火灾。高压互锁装置用低压导线为信号线，与高压电源线并联在高压线束护套管内，并将所有高压部件串联起来，形成回路。查阅维修手册高压互锁相关资料电路图，如图1-2-9所示。

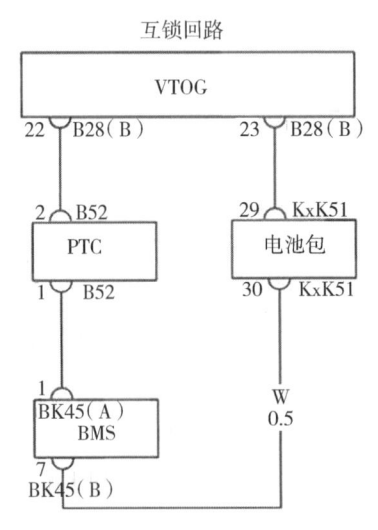

a 高压互锁相关资料电路图1

项目一 低压系统故障诊断与排除

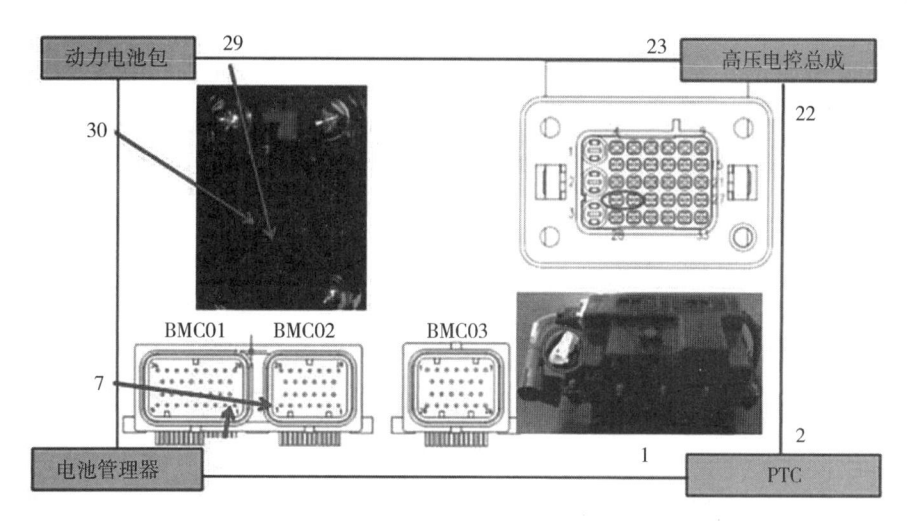

b 高压互锁相关资料电路图 2

图 1-2-9 高压互锁相关资料电路图

先关闭点火开关电源，拔下插头检测 BK45（A）1 和 BK45（B）7 之间电阻导通性，测量电阻为无穷大，异常，说明高压互锁出现断路情况，将插头插回。接着我们拔下插头，检测 PTC 互锁插头 B52-1 和 B52-2 之间电阻导通性，测量电阻为无穷大，异常。再分别拔下插头，检测 B28（B）22 和 B52-2 的导通性，如图 1-2-10 所示。

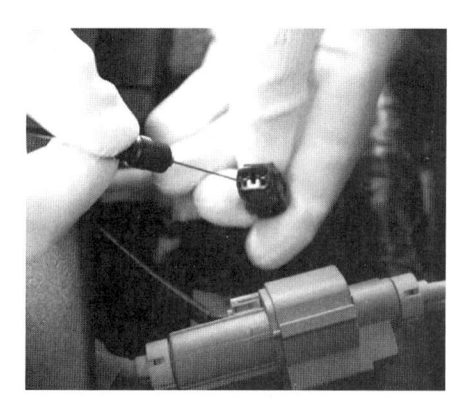

a 插头检测 1

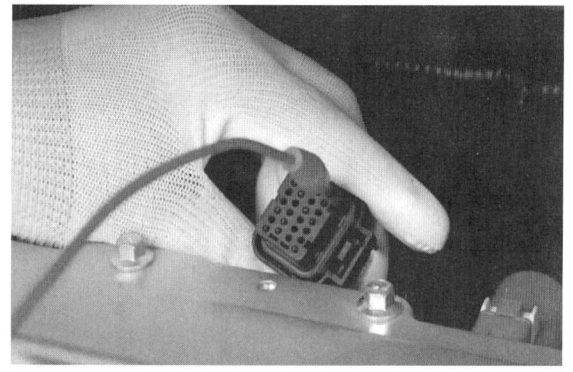

b 插头检测 2

图 1-2-10 插头检测

我们检测 BK45（B）7 和 B28（B）23 之间电阻导通性，测量电阻为 0.32 Ω 左右，正常情况下阻值应小于 1.0 Ω，电阻正常，说明线路无断路现象。故障出现在 BK45（A）1 和 B52-1 之间吗？我们带着疑问检测 BK45（A）1 和 B52-1 之间电阻

023

导通性，测量电阻为无穷大，线路出现断路。之后我们检查线束时发现线路有破损，如图 1-2-11 所示。

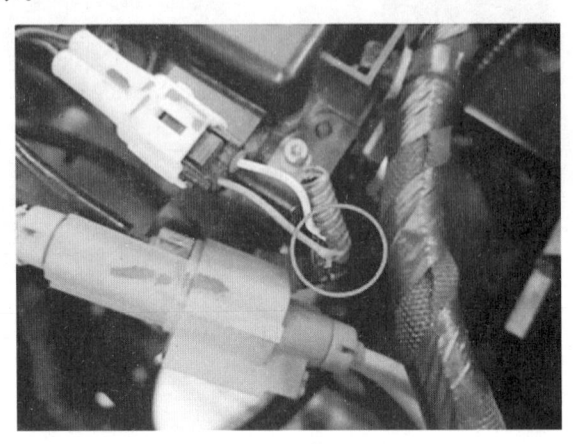

图 1-2-11　线路破损

经咨询，车主反馈前段时间左前大灯处发生追尾事故，线路可能在那次事故中发生破损，导致接触不良。线路修复后，我们按下启动按钮，电仪表上"OK"灯点亮，之后重新读取故障码，无故障码，说明故障排除。

## 拓展知识

### 比亚迪证明了科学技术是第一生产力

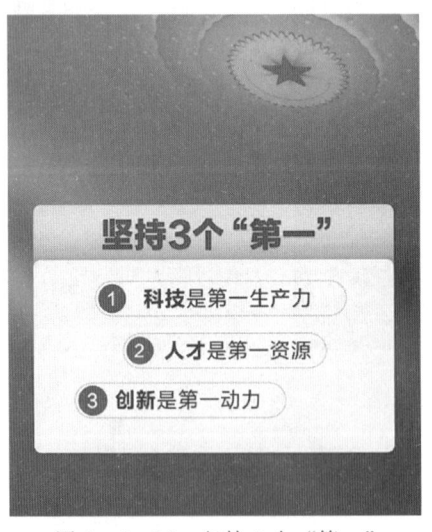

图 1-2-12　坚持 3 个 "第一"

比亚迪 2022 年 8 月 4 日发布的最新产销快报显示：2022 年 1—7 月，比亚迪新能源车型销量实现快速增长，并且比亚迪每个月都以 100% 以上的同比销量增长领跑全车市，累计销售接近 80 万辆。这也是比亚迪自 2022 年 3 月份宣布停产燃油车后，已连续 5 个月实现月销量突破 10 万辆。

比亚迪销量的爆发式增长正是当前中国新能源汽车行业快速发展的缩影。2022 年 1—7 月，我国新能源狭义乘用车销量完成 273.3 万辆，同比增长 1.2 倍。同时，7 月份市场占有率为 24.5%，略高于 6 月份。得益于新能源政策的持续加码，新能源汽车市场将得到更好的发展。比亚迪在拥有一定品牌声誉和认可度的当下，可以说已成功越过了"续航焦虑"和"安全底线"这些老生常谈的新能源产品初级阶段，未来向着更高一层级的"驾驶乐趣"和"心理满足"的方向发展，我们也期待比亚迪推出更多高阶的新能源汽车产品，带领新能源汽车市场的渗透率不断攀升。

## 实训任务

**【任务导入】**

纯电动汽车中通常除了有提供动力的电池以外，还有 12 V 的低压蓄电池。动力电池高压电气系统即动力蓄电池，主要用来驱动汽车电动机，如汽车启动、行驶及加速时需要动力电池的大电压来实现，以及为大功率子系统供电。低压电气系统就是通常所说的 12V 小电瓶，它通常用于汽车的低压功率系统，在车辆正常上电时，高压 DC/DC 会自动启动，提供整车电网电压，类似于传统汽车的发电机，在汽车启动后自动运行。

排故思路

**【任务描述】**

一辆比亚迪秦 A5EV，客户拖车来店，反映车辆左车窗玻璃不工作，不能上升或下降，其他车窗正常工作。请你为车主的爱车进行故障排除。

**【任务目标】**

1. 能叙述低压电气系统的作用是什么。
2. 能通过实车介绍新能源低压电源线路故障都有哪些。
3. 能列举几种新能源汽车低压电源线路故障的诊断方法。
4. 能列举新能源汽车上低压控制高压的工作系统，融入"螺丝钉"精神。

**【任务准备】**

### 一、知识准备

1. 新能源汽车低压电气系统的作用。
2. 新能源汽车低压电源线路故障类型。
3. 新能源汽车低压电源线路故障诊断与排除方法。

请把自己需要掌握的知识点和技能点填入下表。

| | |
|---|---|
| 知识点 | 1. |
| | 2. |
| | 3. |
| 技能点 | 1. |
| | 2. |
| | 3. |

## 二、工作场地

理实一体化教室

## 三、设备准备

新能源实训车辆

**【任务计划与实施】**

学生在教师的引导下分组，以小组为单位学习相关知识，并回答下列问题。

1. 新能源汽车低压电气系统的作用是什么？

2. 新能源汽车低压电源线路故障类型有哪些？

3. 列举几种新能源汽车低压电源线路故障的诊断方法。

4. 从新能源汽车的低电压控制高压电系统的原理中,你对"以小控大"有哪些感悟?

5. 结合汽车维修工岗位的职责阐述什么是"螺丝钉"精神。

【评价与反馈】

一、填空题

1. 目前,低压电气系统通常采用_____直流电源作为整车低压电源,一方面为灯光和刮水器等常规_____电器供电,另一方面为整车控制器、电机控制系统,以及_____的控制器及冷却电动水泵等辅件供电。

2. 新能源汽车的常规低压电器的线路与传统汽车基本没有区别,除了使用_____代替了_____以外,与传统汽车有区别的地方主要是使用_____控制高压线路、整车控制器、充电系统等传统汽车没有的部分。

二、判断题

1. (　　) 在新能源汽车使用的过程中,汽车的驱动能源通常为高压电池。

2. (　　) 新能源汽车低压供电线路故障常常会引起大面积的关联故障。

3. (　　) 新能源汽车常规低压电气部分排查故障的方式与传统汽车没有区别。

4. (　　) 新能源汽车 DC/DC 转换器一般和车载充电机等集成安装在前机舱内。

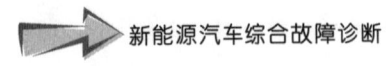

## 三、技能考核

学生实践记录表

实操演示

| 班级 | | 车型及年款 | | 配分 | 得分 |
|---|---|---|---|---|---|
| 姓名 | | 学号 | | 100 | |
| 实践设备 | | | | 5 | |
| 资料查阅 | | | | 10 | |
| 实施流程 | 绘制新能源汽车低压电源线路故障诊断思路导图。 | | | 30 | |
| | 对新能源汽车低压电源线路故障点进行检测。 | | | 30 | |
| 归纳总结 | | | | 15 | |
| 6S整理：整理□ 整顿□ 清扫□ 清洁□ 素养□ 安全□ | | | | 10 | |
| 自我评价 | 良好□ 合格□ 不合格□ 分数_____ | | | | |
| 教师评价 | 良好□ 合格□ 不合格□ 分数_____ | | | | |

项目一　低压系统故障诊断与排除

# 任务三　启动仪表无反应故障诊断与排除

## 知识学习

### 一、新能源汽车仪表系统功能及组成

新能源汽车仪表是一种电子控制系统，它主要由仪表盘、侧面显示屏、中央显示屏、控制器等部分组成。这些组件协同工作，以提供实时和准确的车辆信息，使驾驶人员能够更好地了解车辆状态做出正确的驾驶决策，并通过对故障指示和车辆信息的观察及时对车辆进行保养维修。

微课视频

仪表盘通常包括速度计、转速计、电池电量指示器、电机温度指示器、充电状态显示器等。速度计用于显示车速，转速计用于显示电动机转速，电池电量指示器用于显示电池电量，电机温度指示器用于显示电机温度。仪表盘上的这些指示器的作用是帮助驾驶员了解车辆的基本状态。

侧面显示屏通常用于显示一些与行驶相关的信息，例如：制动能量回收情况、充电进度、续航里程等。侧面显示屏的设计通常是为了方便驾驶员在行驶中获取一些基本信息。

中央显示屏通常用于显示导航、音响、电话等信息。与传统燃油车的中控台一样，中央显示屏可以提供更丰富的功能，方便驾驶员日常使用车辆。

### 二、新能源汽车仪表故障指示灯的含义

当新能源汽车发生故障时，通常仪表上会亮起或闪烁相应的警告灯，以提示驾驶员或维修人员故障的宏观方向。

指示灯的形状和颜色的基本规定：红色表示危险，黄色表示注意，绿色表示安全正常的操作状态。

图1-3-1　比亚迪秦EV的仪表

新能源汽车在动力源和驱动系统上有差异，因此仪表显示的内容也有差异，比亚迪秦EV的仪表显示，如图1-3-1所示。

下面以比亚迪秦 EV 的仪表为例说明故障指示灯的含义。

当新能源汽车出现警告灯亮起的情况后，我们可以依据仪表上显示的警告灯，结合故障码和系统状态，找到故障原因，并在问题解决以后，通过诊断仪清除故障码，再查看仪表上的警告灯是否熄灭。

比亚迪秦 EV 各指示灯的具体含义，如图 1-3-2 所示。

| 名称 | 图标 | 工作逻辑 |
| --- | --- | --- |
| 转向指示灯 | ⬅ ➡ | 仪表通过硬线采集组合开关转向信号。 |
| 远光灯指示灯 | | 组合仪表接收到远光灯"开启"的CAN信息时，点亮此灯并长亮；接收到远光灯"关闭"的CAN信息时，此灯熄灭，此指示灯和远光灯同步工作。 |
| 小灯指示灯 | | 从组合开关接收小灯开关信号（CAN）。 |
| 后雾灯指示灯 | | 从组合开关接收后雾灯开关信号（CAN）。 |
| 驾驶员座椅安全带指示灯 | | 从BCM接收安全带开关信号（CAN）。 |
| SRS故障警告灯 | | 从安全气囊系统接收安全气囊故障信号 |
| ABS故障警告灯 | ABS | 接收网关发送的ABS系统故障信息，点亮指示灯。CAN线断线点亮。 |
| 驻车制动故障警告灯 | (!) | 从驻车制动开关接收驻车信号（硬线）；从制动液位开关接收制动液位信号（硬线）；组合仪表采集到"EBD故障"信号（CAN）。 |
| EPS故障警告灯 | | CAN通信传输，EPS控制单元发送EPS故障指示信号给组合仪表，仪表CPU命令指示灯点亮。 |
| 智能钥匙系统警告灯 | | 从智能钥匙系统读取钥匙信息（CAN）。 |
| 定速巡航主显示指示灯 | | CAN通信传输，电机控制器发送开关量信号给组合仪表。仪表CPU根据信号控制此指示灯状态。 |
| 定速巡航主控制指示灯 | SET | CAN通信传输，电机控制器发送开关量信号给组合仪表。仪表CPU根据信号处理此指示灯状态。 |
| 车门和行李箱状态指示灯 | | 从BCM接收各车门和行李箱开关状态（CAN）。 |
| 主警告灯 | ⚠ | 接收到故障信息及提示信息（除背光调节、车门及行李箱状态信息外）。 |
| 充电系统故障警告灯 | | CAN线传输DC及充电系统故障信号，组合仪表控制指示灯点亮。 |
| 动力电池电量低指示灯 | | CAN通信传输，动力电池管理模块发送电池组电量过低报警信号给组合仪表。仪表CPU控制此指示灯点亮，指示灯点亮需与电量表进入红色区域同步。 |
| 动力电池充电连接指示灯 | | 硬线传输，充电感应开关闭合时，仪表点亮指示灯。充电感应开关断开时，仪表熄灭此指示灯。 |
| 动力系统故障警告灯 | | CAN通信采集到电池管理器、M2电机控制模块的故障信号时，CPU驱动指示灯点亮。 |
| OK指示灯 | OK | M2电机控制模块通过CAN发送"READY"指示灯点亮信号给组合仪表，仪表CPU控制此指示灯点亮。 |
| 经济模式指示灯 | ECO | CAN线传输，组合仪表CPU驱动指示灯工作。 |
| 运动模式指示灯 | SPORT | CAN线传输，组合仪表CPU驱动指示灯工作。 |
| 电子驻车状态指示灯 | (P) | CAN传输，组合仪表采集网关转发的ID为0x218报文信号，并根据报文的内容进行相应的指示。 |
| ESP故障警告灯 | | 从ESP系统接收到ESP故障信号（CAN）。 |
| ESP OFF警告灯 | | 接收到ESP系统关闭信号（CAN）。 |
| 胎压故障警告灯 | (!) | 从胎压监测系统接收到胎压故障信号（CAN）。 |
| 动力电池电量低警告灯 | | CAN通信采集电池管理器的电量低信号后显示。 |
| AVH工作指示灯 | (A) | CAN通信采集AVH系统的工作状态后显示。 |
| 雪地模式指示灯 | | CAN通信整车控制器模块的模式状态信号后显示。 |
| 防盗指示灯 | | CAN通信采集防盗系统状态。 |

图 1-3-2　比亚迪秦 EV 的仪表故障指示灯含义及信息来源

### 三、新能源汽车仪表系统工作原理

新能源汽车仪表主要包括控制单元和显示电路两部分。控制单元通过CAN线接收车辆其他控制单元发送的各项参数信息。显示电路则负责将控制单元采集的信息显示在仪表面板上。

电动汽车仪表中常见的电子器件有LCD或者液晶屏幕、LED指示灯、音响器件等。其中，显示屏幕是仪表中最重要的部分，用于显示各项参数信息，LED指示灯则用于显示警告或提示信息。比亚迪秦EV CAN线拓扑图，如图1-3-3所示。

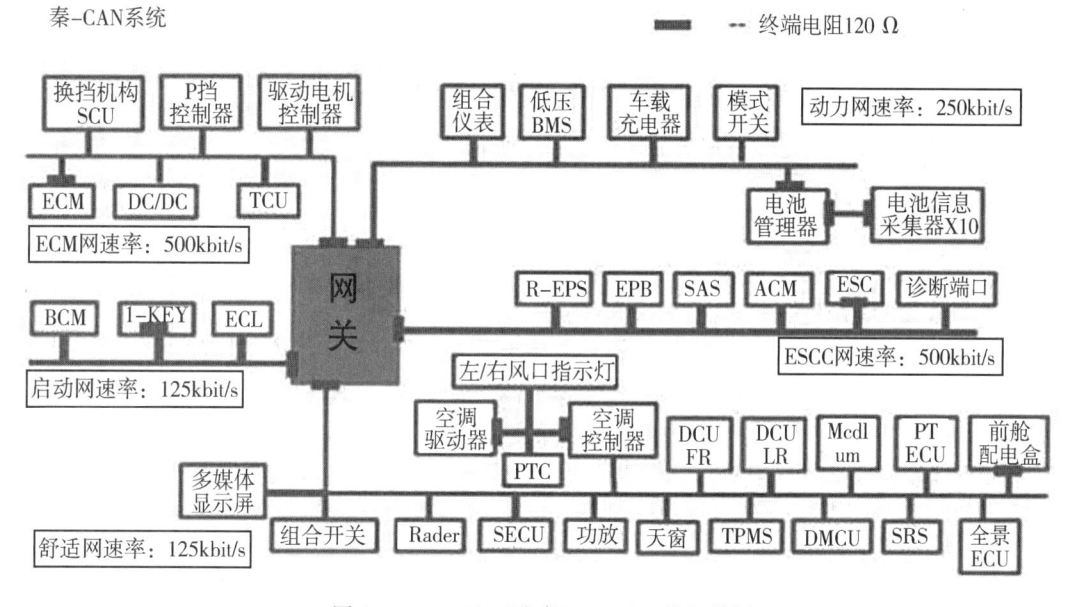

图1-3-3 比亚迪秦EV CAN线拓扑图

### 四、新能源汽车仪表系统故障诊断与排除案例

在车辆运行过程中，仪表信息作为非常重要的数据来源和故障诊断依据，有着非常重要的作用。我们在实际工作中，会遇到仪表系统无法正常工作的情况。我们首先要明确仪表系统无法正常工作的原因，才能够进一步解决后续问题。下面以一个比亚迪秦A5EV车辆案例来说明新能源汽车仪表系统故障排除的方法。

#### （一）故障现象

一辆比亚迪秦A5EV，客户拖车来店，车辆无法启动，仪表无反应。

## (二) 故障分析

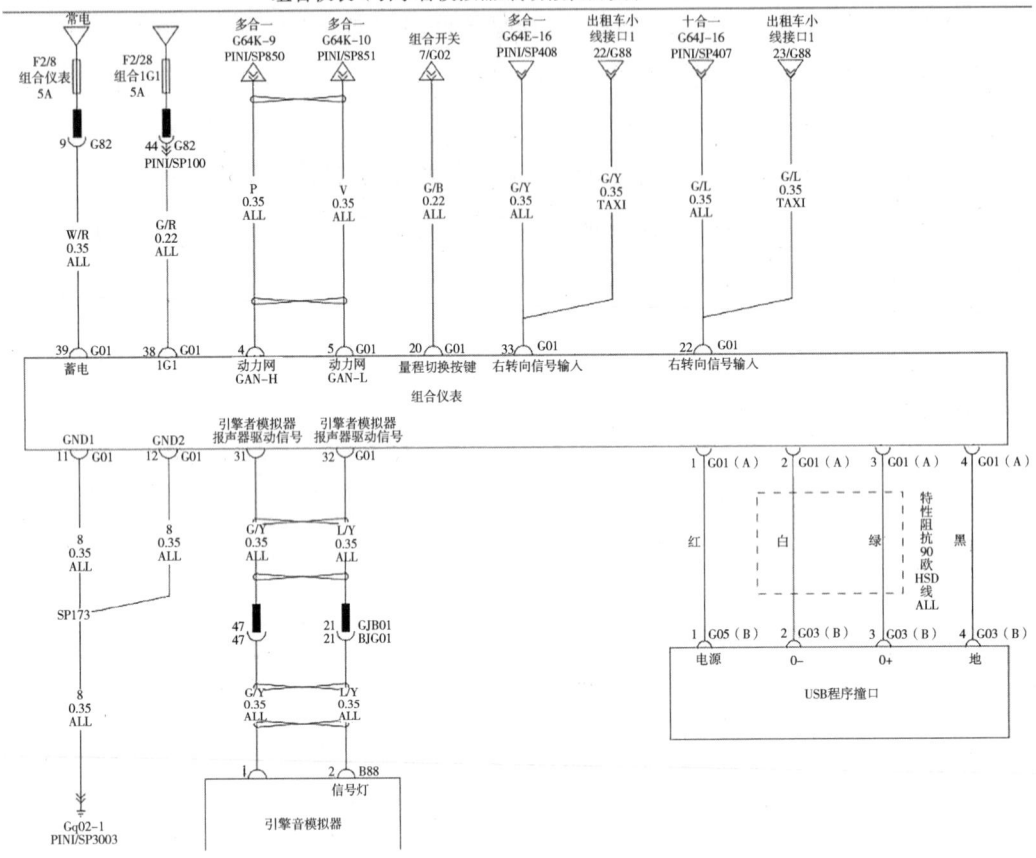

图 1-3-4 比亚迪秦 EV 的仪表电路

通过仪表电路图 1-3-4，我们可以看出，汽车电源正极通过 F2/8 5A 保险以后给仪表供电，IG1 电是通过 F2/28 5A 保险给仪表供应的。仪表通过动力 CAN 从驱动系统控制模块中获得必要的信息并显示出来，同时组合开关也给了仪表一些灯光信号等。

对于该故障，我们首先要结合电路图进行故障分析，仪表上的警告灯是各个系统自检以后通过通信系统传递给仪表的，然后仪表再显示出来。仪表无反应，可能是很多系统故障，也可能是仪表本身有问题。我们考虑很多系统同时故障的概率不太高，故障有可能出在通信系统或者仪表本身。因为仪表是通过 CAN 总线获得驱动系统信息的，一旦通信系统故障，就有可能导致仪表获得的驱动信息不正确。我们可以通过诊断仪读取仪表的数据流，如果能够读取，那么说明通信系统可能没问题，问题出现在仪表本身。通过电路图，我们可以看到组合开关也给仪表提供信息，可以使用组合开关给仪表输入一些动作信号，看看仪表数据流是否有变化，如果变化异常，那么就可以确定仪表内部可能出现了故障。再使用万用表等工具进行检测排除。通过诊断仪数据流，我们可以将故障范围缩小，减少排查时间和成本。

新能源汽车的控制系统目前已经十分先进，对于大部分汽车故障来说，汽车控制模块都能给出故障码或者数据流等提示信息。在新能源汽车故障排除过程中，我们要善于利用诊断仪和数据流辅助诊断，除非系统断电无法使用诊断仪，此时可使用万用表等工具进行检测。

导致本次故障的原因可能有以下几种（按照可能性排序）：

(1) 仪表本身故障。

(2) CAN 通信故障。

(3) 其他线路故障。

(4) 其他可能（控制模块等）。

### （三）故障诊断与排除

具体诊断过程如下：

(1) 检查低压蓄电池电压，如图 1-3-5 所示。

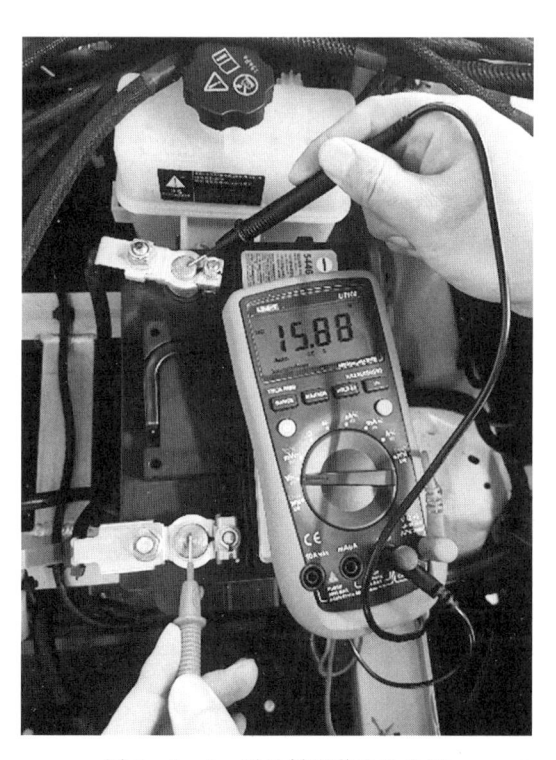

图 1-3-5　测量低压蓄电池电压

（2）检查仪表供电保险 F2/8 和 F2/28，如图 1-3-6 所示。

图 1-3-6　测量保险

通过以上检测，我们得出的结论是：确认 F2/8 保险断路。

F2/8 保险是仪表的常供电保险，如果该保险损坏，仪表将不工作，同时车辆也不能启动。该故障属于一级故障，应当停止使用车辆并及时到售后维修机构进行维修。

## 拓展知识

### 汽车仪表的发展趋势

我们看到电动汽车时，最先注意到的是它的设计，同样，对于驾驶员而言，他们最先接触的是车内的仪表盘。在这个数字化时代，电动汽车的仪表盘设计越来越成了车辆设计的亮点之一。

早期的汽车，仪表盘只有速度表、油量表、机油压力表，现在的仪表盘有各种指示和显示。

知识拓展

机械式仪表　电气化仪表　全液晶仪表　HUD仪表　未来的仪表

图 1-3-7　汽车仪表盘的发展历程

未来的一项发展是在仪表盘中集成物联网（IoT）。这项技术将允许驾驶员使用智能手机控制和监控他们的汽车。该技术将全息图像和动画投射到汽车内部以显示重要数据，使驾驶体验更加直观。

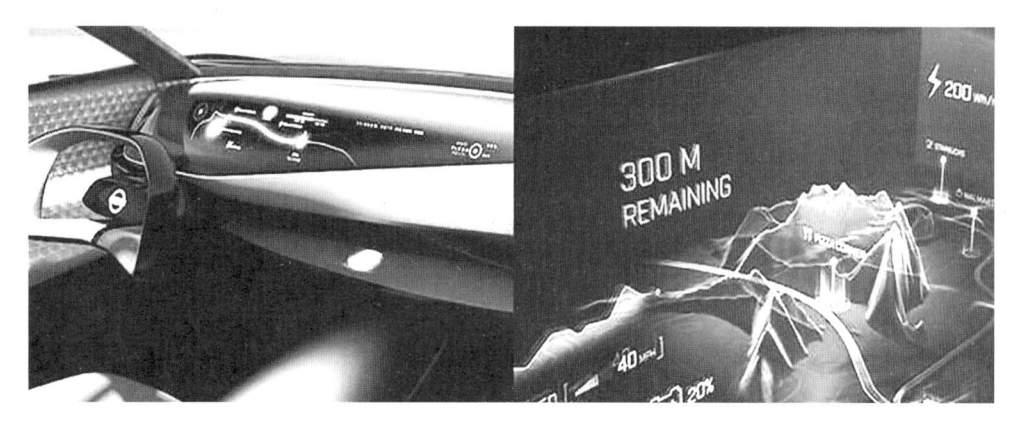

图 1-3-8　未来的仪表

## 实训任务

**【任务导入】**

在车辆启动的流程中，仪表信息作为非常重要的数据读取来源和故障诊断依据有着非常重要的作用。我们在实际工作中会遇到仪表本身无法正常工作的情况。我们首先要明确仪表本身无法正常工作的原因，才能够进一步解决后续问题。

排故思路

**【任务描述】**

一辆比亚迪秦 A5 EV 车型，车辆无法启动，仪表上部分警告灯不亮。

**【任务目标】**

1. 能叙述新能源汽车仪表故障指示灯的含义。
2. 能了解新能源汽车仪表的工作原理。
3. 能够在电路中找到与仪表相关的电路并判断各线路的功能。

**【任务准备】**

### 一、知识准备

1. 新能源汽车仪表故障指示灯的含义。
2. 新能源汽车仪表的工作原理。
3. 新能源汽车仪表无反应故障诊断与排除方法。

请把自己需要掌握的知识点和技能点填入下表。

| | |
|---|---|
| 知识点 | 1. |
| | 2. |
| | 3. |
| 技能点 | 1. |
| | 2. |
| | 3. |

## 二、工作场地

理实一体化教室

## 三、设备准备

新能源实训车辆

**【任务计划与实施】**

学生在教师的引导下分组，以小组为单位学习相关知识，并回答下列问题。

1. 新能源汽车故障指示灯的种类及含义。

2. 新能源汽车仪表的工作原理。

3. 画出仪表故障的相关电路图。

【评价与反馈】
一、填空题
1. 新能源汽车仪表是一种电子控制系统，它主要由_____、_____、_____、_____等部分组成。
2. 指示灯的形状和颜色的基本规定：_____表示危险，_____表示注意，_____表示安全正常的操作状态。
二、判断题
1.（    ）控制单元通过CAN线接收车辆其他控制单元发送的各项参数信息。
2.（    ）仪表系统出现故障应当首先判断是否是通信故障。

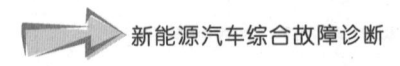

## 三、技能考核

### 学生实践记录表

| 班级 | | 车型及年款 | | 配分 | 得分 |
|---|---|---|---|---|---|
| 姓名 | | 学号 | | 100 | |
| 实践设备 | | | | 5 | |
| 资料查阅 | | | | 10 | |
| 实施流程 | 绘制新能源汽车仪表无反应故障诊断思路导图。 | | | 30 | |
| | 对新能源汽车仪表无反应故障点进行检测。 | | | 30 | |
| 归纳总结 | | | | 15 | |
| 6S整理：整理□ 整顿□ 清扫□ 清洁□ 素养□ 安全□ | | | | 10 | |
| 自我评价 | 良好□ 合格□ 不合格□ 分数_____ | | | | |
| 教师评价 | 良好□ 合格□ 不合格□ 分数_____ | | | | |

# 项目二　高压系统故障诊断与排除

## 任务一　高压绝缘故障诊断与排除

### 知识学习

#### 一、绝缘的概念

绝缘是一个物理学名词，是指使用不导电的物质将带电体隔离或包裹起来，以对触电起保护作用的一种安全措施。良好的绝缘是保证电气设备与线路的安全运行、防止人身触电事故发生的最基本和最可靠的手段。新能源汽车用电池作为能量来源，电池的电压是非常高的，因此为了人身的安全和车辆的安全，我们必须保证其电路系统有较高的绝缘性能。

微课视频

#### 二、绝缘的失效形式

电动汽车绝缘故障其实就是高压电漏到车壳上了，是漏电故障。绝缘的失效形式有热老化、光老化、低温环境下的脆裂、固定不当引起的摩擦损伤。

#### 三、电动汽车绝缘电阻监测方法

电动汽车电池、变频器、电动机、车载充电机、直流/直流转换器、电动空调压缩机和暖风PTC加热器等都会涉及高压电器绝缘问题。这些部件的工作条件比较恶劣，振动、酸碱气体的腐蚀、温度及湿度的变化，都有可能造成动力电缆及其他绝缘材料迅速老化甚至绝缘材料破损，使设备绝缘强度大大降低，危及人身安全。所以我们有必要在出现绝缘问题时及时对高压电网进行下电操作，保护人员安全。

**1. 绝缘电阻大小确定**

电动汽车的绝缘状况以直流正负母线对地的绝缘电阻来衡量。电动汽车的国际标准规定：绝缘电阻值除以电动汽车直流系统标称电压U，结果应大于100 Ω/V才符合安全要求。标准中推荐的牵引蓄电池绝缘电阻测量方法适用于静态测试，而不满足实时监测的要求。

**2. 绝缘电阻监测方法**

我们通过测量电动汽车直流母线与电底盘之间的电压，计算得到系统的绝缘电阻值。假设电动汽车的直流系统电压（即车载动力电池总电压）为U，待测的正、负母线与电底盘之间的绝缘电阻分别为$R_x$、$R_y$，正、负母线与电底盘之间的电压分别为$U_x$、$U_y$，则待测直流系统的等效模型如图2-1-1中的虚线框内所示。

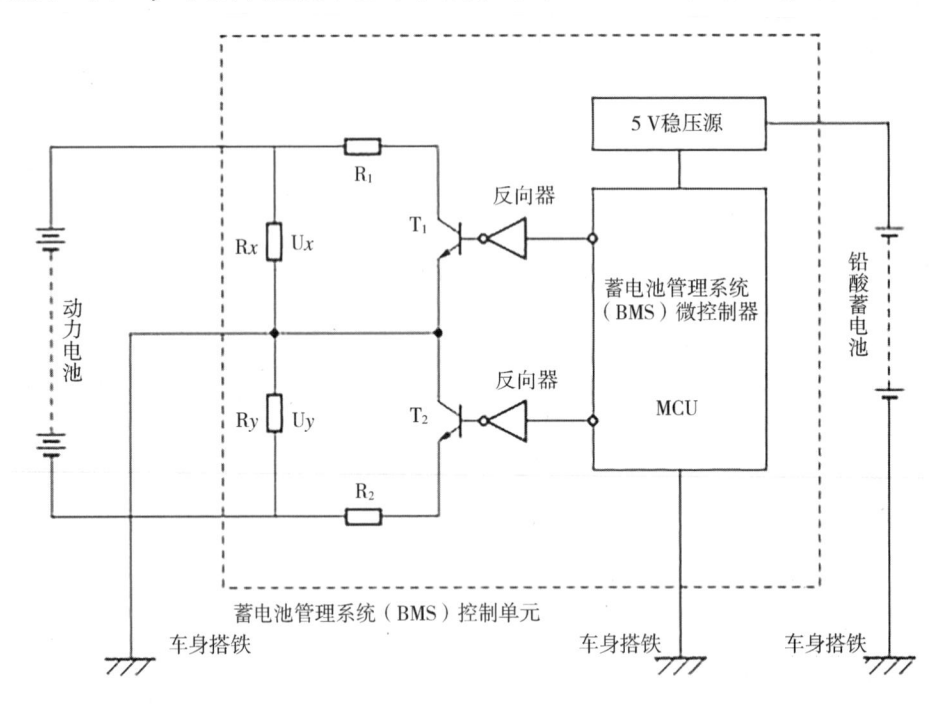

图2-1-1 电动汽车绝缘电阻测量原理

图中$R_1$、$R_2$为测量用的已知阻值的标准电阻。工作原理如下：当电子开关$T_1$、$T_2$全部断开时，测量正、负母线与电底盘之间的电压分别为$U_x$和$U_y$。我们由电路定律可以得到公式（2-1）。当电子开关$T_1$闭合、$T_2$断开时，则在正母线与电底盘之间加入标准偏置电阻$R_1$，测量正、负母线与电底盘之间的电压分别为$U_x$、$U_y$，可以得到公式（2-2），两个方程在绝缘检测软件中联立方程组。

$$\frac{U_x}{R_x}=\frac{U_y}{R_y} \qquad (2-1)$$

$$\frac{U_x}{R_x}+\frac{U_x}{R_1}=\frac{U_y}{R_y} \qquad (2-2)$$

绝缘检测软件通过公式（2-1）和式（2-2）解出正、负母线与电底盘之间的绝缘电阻分别为 $R_x$ 和 $R_y$，要注意公式（2-1）中的 $U_x$ 和 $U_y$ 与公式（2-2）中的 $U_x$ 和 $U_y$ 数值是可测量的，但不是相等的。

同样，绝缘电阻在以下两种情况也可以得到：T1、T2 全部断开和 T1 断开、T2 闭合；T1 闭合、T2 断开和 T1 断开、T2 闭合。由上述计算公式可知，绝缘电阻 $R_x$、$R_y$ 的具体数值由 4 个测量电压值和已知标准电阻计算得到，最终结果的精度与电压测量和标准电阻的精度直接相关。另外，开关绝缘电阻前后，电池电压随汽车加、减速而变化，这对测量结果也有一定影响，但电动汽车的绝缘电阻一般来讲是缓变参数，测量过程很快，因此我们可以认为测量过程中实际待测绝缘电阻阻值保持不变。

绝缘电阻监测模块主要完成如下几方面工作：正、负母线对底盘的电压 $U_x$ 和 $U_y$ 测量、标准偏置电阻 $R_1$ 或 $R_2$ 的介入控制、绝缘电阻 $R_x$ 和 $R_y$ 计算和判断、报警方式等。

**3. 高压产品壳体共搭铁**

图 2-1-2 所示为动力电池箱、变频器和电动机等高压产品通过外壳与车身搭铁，这样电池管理系统（BMS）的车身搭铁线中绝缘电阻 $R_x$ 和 $R_y$ 中间与车身之间的车身搭铁线就可与高压产品构成实际的检测回路。

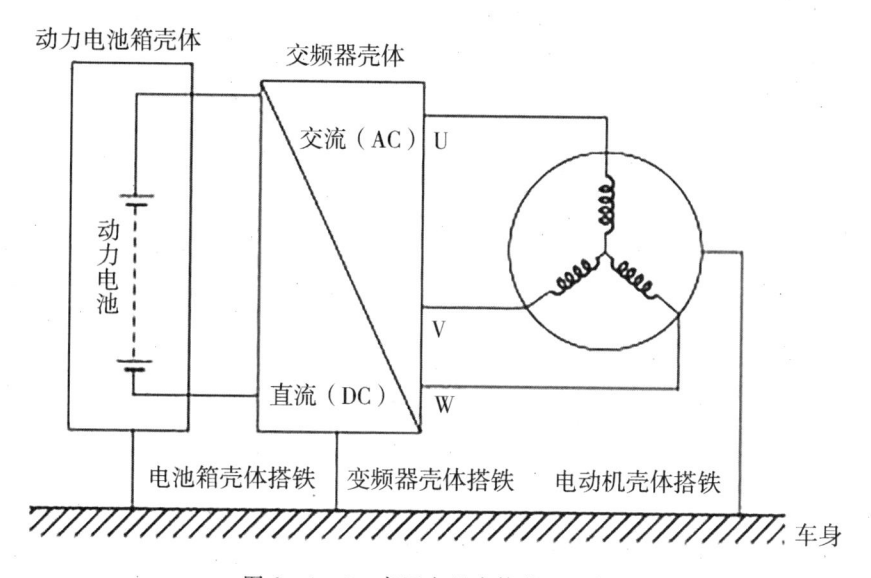

图 2-1-2 高压产品壳体共地示意图

**4. 绝缘电阻动态监测**

一般来讲，电动汽车的标称电压为 90～750 V，实际偏置电阻因电压不同而不同，运行过程中电池电压有一定的波动范围，并且待测绝缘电阻也有一定的变化范围，因此，监测系统的电压测量电路必须保证在全范围内实现等精度的测量，而且正、负母线对地电压的测量必须同时完成。

5．绝缘检测无法识别

在高压电操作中，我们要牢记，千万不要把自己串入正、负极之间构成导电回路，因为这时绝缘检测是无法识别的，将会造成严重的触电事故。

### 四、绝缘检测设备的使用

#### （一）万用表的使用

数字万用表应符合 CAT Ⅲ 安全级别的要求，如图 2-1-3 Fluke 87 数字万用表所示。

图 2-1-3 Fluke 87 数字万用表

万用表通常具备以下检测功能：

检测交流/直流（AC/DC）电压、电流，检测电阻，检测频率（Hz），检测温度（TEMP），检测二极管，检测导通性，检测电容，检测绝缘测试（低压）。

有些汽车专用的万用表，还具有转速（RPM）、百分比（占空比%）、脉冲宽度（ms）以及其他功能（如利用蜂鸣器等进行故障码读取）。

知识拓展：CAT 等级。

根据国际电工委员会 IEC1010-1 的定义，我们把电工工作的区域分为四个等级，分别称作 CAT Ⅰ、CAT Ⅱ、CAT Ⅲ 和 CAT Ⅳ。CAT 等级是向下单向兼容的，也就是说，一块 CAT Ⅳ 的万用表在 CAT Ⅰ、CAT Ⅱ 和 CAT Ⅲ 下使用是完全安全的，但是一块 CAT Ⅰ 的万用表在 CAT Ⅱ、CAT Ⅲ、CAT Ⅳ 的环境下使用就不保证安全了。

（二）绝缘测试

**1. 绝缘电阻表**

绝缘电阻表，又称摇表或者兆欧表，是用来测量绝缘电阻的专用仪器。

常用的绝缘电阻表的额定电压为 500 V、1000 V、2500 V 等几种。它的标度尺单位是"兆欧"（MΩ）。

（1）电阻表的接线端子。

绝缘电阻表有三个接线端子，一个标有"线路"或"L"的端子（也称相线）接于被测设备的导体上；另一个标有"地"或"E"的端子接于被测设备的外壳或接地；第三个标有"屏蔽"或"G"端子接于测量时需要屏蔽的电极。

（2）绝缘电阻表的选择。

要正确选择额定电压合适的绝缘电阻表。绝缘电阻表的额定电压根据被测设备的额定电压来选择。绝缘电阻表的额定电压及其内部电源的直流电压过高，我们在测试时可能会损坏被测设备的绝缘性；绝缘电阻表的额定电压过低，所测结果不能反映工作电压作用下电气设备的绝缘电阻。一般规程规定，人们在测量额定电压在 500 V 以下的设备时，宜选用 500~1000 V 的绝缘电阻表；额定电压在 500 V 以上时，应选用 1000~2500 V 的绝缘电阻表。

（3）绝缘电阻表的使用方法。

我们在使用绝缘电阻表前要戴好绝缘手套。

① 使用前要检查绝缘电阻表指针的"0"与"∞"位置是否正确。检查方法是，先使"L""E"两端子开路，将绝缘电阻表放在适当的水平位置，摇动手柄至发电机额定转速（一般为 120 r/min）后，指针应指在"∞"位置上。如果不能指到"∞"，说明测试引线绝缘不良或绝缘电阻表本身受潮。我们应用干燥清洁的软布擦拭"L"端子与"E"端子间的绝缘部分，必要时将绝缘电阻表放在绝缘垫上，若还达不到"∞"值，则应更换测试引线，然后将"L""E"两端子短路，轻摇发电机，指针应指在"0"位置上。如指针不指零，说明测试引线未接好或绝缘电阻有问题。

② 绝缘电阻表的测试引线应选用绝缘良好的多股软线，"L""E"两端子引线应独立分开，避免缠绕在一起，以提高测试结果的准确性。

③ 在摇测绝缘时，应使绝缘电阻表保持额定转速，一般为 120~150 r/min。测试开始时先将"E"端子引线与被测设备外壳与地相连接，待转动摇柄至额定转速后将"L"端子引线与被测设备的测试极相碰接，等指针稳定后（一般为 1min），读取并记录电阻值。在整个测试过程中，摇柄转速应保持恒定匀速，避免忽快忽慢。测试结束后，我们应先将"L"端子引线与被测设备的测试极断开，再停止摇柄转动。这样做主要是为了防止被测设备的电容对绝缘电阻表的反充电损坏表针。

（4）绝缘电阻表测量绝缘电阻的接线和方法。

绝缘电阻表测量绝缘电阻的接线和方法，如图 2-1-4 所示。

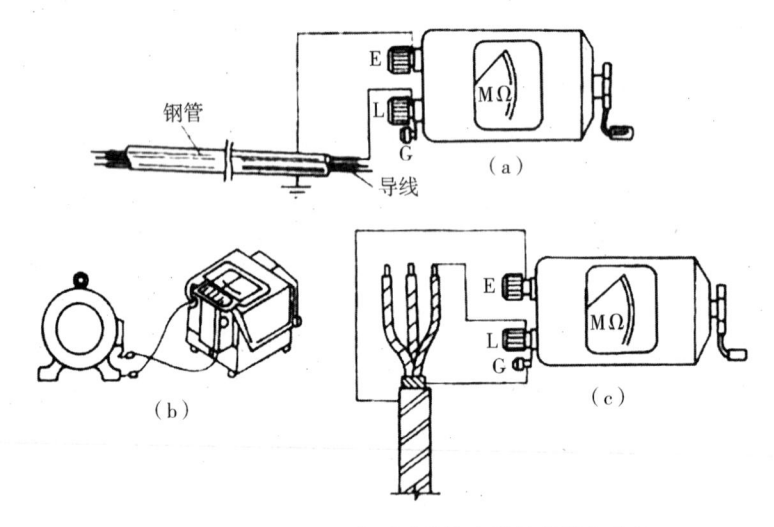

图 2-1-4 绝缘电阻表测量绝缘电阻的接线和方法

① 测量照明或电力线路对地的绝缘电阻时，E 接线端可接地，L 接线端与被测线路相连，如图 2-1-4（a）所示。

② 测量电动机的绝缘电阻时，我们将绝缘电阻表的接地端 E 接机壳，L 接线端接电机的绕组，然后进行摇测，如图 2-1-4（b）所示。

③ 测量电缆的绝缘电阻和测量电缆的线芯和外壳的绝缘电阻时，我们除了将外壳接 E，线芯接 L 外，中间的绝缘层还需和 G 相接，如图 2-1-4（c）所示。

我们在测量时，转动手柄要平稳，应保持 120 r/min 的转速。电气设备的绝缘电阻随着测量时间的长短不同而不同，通常以 1 min 后的指针指示为准，我们在测量中如果发现指针为零，应停止转动手柄，以防表内线圈过热而烧坏。

在绝缘电阻表停止转动和被测设备放电以后，我们才可用手拆除测量连线。

④ 我们在记录绝缘电阻表读数时，应同时记录当时的环境温度和湿度，便于比较不同时期的测量结果，分析产生测量误差的原因。

⑤ 绝缘电阻表接线柱的引线应采用绝缘性良好的多股软线，同时各股软线不能缠在一起。

(5) 绝缘电阻表使用注意事项。

① 绝缘电阻表的发电机电压等级应与被测物的耐压水平相适应，以避免被测物的绝缘部分被击穿。

② 禁止摇测带电设备，当摇测双回路架空线路或母线时，若一路带电，不得测量另一路的绝缘电阻，以防高压的感应电危害人身安全或损坏仪表。

③ 严禁在有人工作的线路上进行测量工作，以免危害人身安全。雷电时禁止用绝缘电阻表在停电的高压线路上测量绝缘电阻。

④ 在绝缘电阻表没有停止转动或被测设备没有放电之前，切勿用手去触及被测设备或绝缘电阻表的接线柱。

⑤ 使用绝缘电阻表摇测设备绝缘情况时，应由两人进行测量。

⑥ 摇测用的导线应使用绝缘线，两根引线不能绞在一起，其端部应有绝缘套。

⑦ 在带电设备附近测量绝缘电阻时，测量人员和绝缘电阻表的位置必须适当，保持与带电体的安全距离，以免绝缘电阻表引线或引线支撑物触碰带电部分。移动引线时，必须注意监护，防止工作人员触电。

⑧ 摇测电容器、电力电缆、大容量变压器、电机等电容较大的设备时，绝缘电阻表必须在额定转速状态下，方可将测电笔接触或离开被测设备，以免因电容放电而损坏仪表。

⑨ 测量电器设备绝缘情况时，电器设备必须先断电并放电后才能测量。

⑩ 每年检验一次绝缘电阻表，不合格的不得使用。

(6) 数字绝缘表。

数字绝缘表（绝缘电阻测试仪）是一种由电池供电的测量绝缘电阻的仪器。如图 2-1-5 所示。

图 2-1-5　Fluke 1508 绝缘电阻测试仪

该测试仪不仅可以测量绝缘电阻，还可以测量接地耦合电阻以及交流/直流电压。数字绝缘表输入端子说明见图 2-1-6。COM 端子是连接所测量地线或公共端子的表棒，Ω 端子是连接测量电阻的表棒，V 绝缘端子是连接电压测试端子的表棒，用于测量部件之间的绝缘阻值。

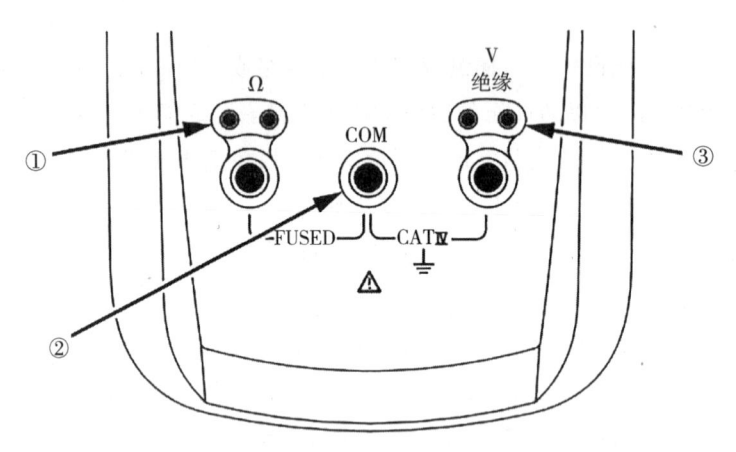

①用于电阻测量的输入端子　②所有测量的公共端子　③用于电压或绝缘测试的输入端子

图 2-1-6　数字绝缘表输入端子说明

绝缘测试只能在不通电的电路上进行。检测绝缘电阻需按照图 2-1-7 所示连接测试仪，并按下列步骤进行操作。

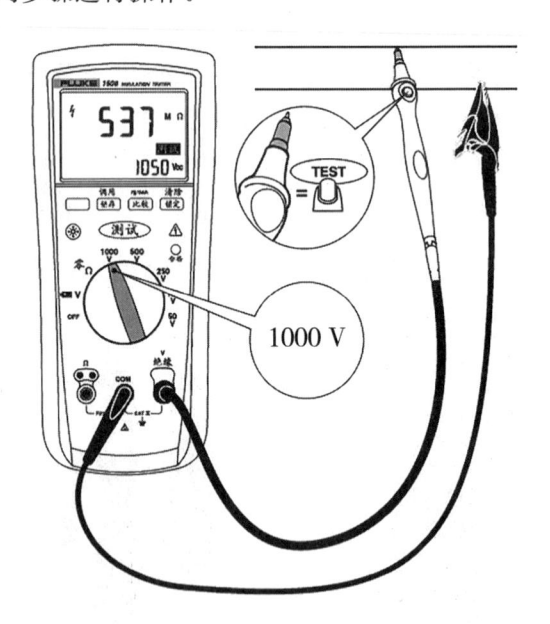

图 2-1-7　检测绝缘阻值

① 检查仪表、表棒外观有无破损，量程是否正确。

② 将表棒插入 V 和 COM（公共）输入端子，将选择开关转至所需要的测试电压，电压选 1000 V。

③ 检测人员戴上绝缘手套，连接绝缘表棒与待测电路（被测件）的线路，测试仪会自动监测电路是否通电。

测试仪主显示位置显示"——"直到您按下(测试)按钮，此时将获得一个有效的绝缘电阻读数；

如果电路中的电压超过 30 V（交流或直流），主显示位置显示电压超过 30 V 以上的警告的同时，还会显示高压符号⚡。在这种情况下，测试被禁止。在继续操作之前，我们应先断开测试仪的连接线并关闭电源。

④ 按住(测试)按钮开始测试。辅显示位置上显示被测电路上所施加的测试电压。主显示位置上显示高压符号⚡，并以 MΩ 或 GΩ 为单位显示电阻。显示屏的下端出现"测试"图标，直到释放(测试)按钮。

当电阻超过最大显示量程时，测试仪显示">"符号及当前量程的最大电阻。电动汽车电池、电缆或电机等部件绝缘电阻值读数大于 550 Ω/V，说明线路绝缘良好。

⑤ 继续将探头留在测试点上，然后释放(测试)按钮。被测电路即开始通过测试仪放电。主显示位置显示电阻读数，直到开始新的测试或者选择了其他功能或量程。

⑥ 整理表棒，关闭绝缘表。

**2. 绝缘工具的使用**

新能源汽车涉及高压的部分零部件拆装必须使用绝缘拆装工具。绝缘拆装工具必须装有耐压 1000 V 以上的绝缘柄。绝缘拆装工具如图 2-1-8 所示。

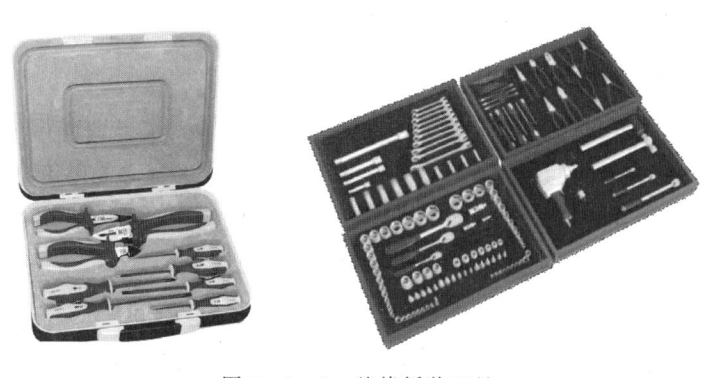

图 2-1-8 绝缘拆装工具

绝缘工具的使用方法与普通工具相同，但是以下几个特别需要注意的事项：

（1）应有专门的工具室存放，室内应通风良好，清洁、干燥。

（2）如发现绝缘工具破损或受潮，应及时进行检修和干燥处理，测试合格后方可使用。

（3）绝缘工具必须按规定定期进行绝缘性能测试，不合格的应禁止使用。

### 五、高压电路绝缘性能的检测

纯电动汽车是以电池来驱动车辆运行的，动力电池的输出电压大部分都在 DC/72 V 至 DC/600 V 之间，甚至更高。人体的安全电压一般是指对人不直接致死或致残的电压，一般环境条件下允许持续接触的"安全特低电压"是 DC/36 V。电动汽车动力电池输出的直流电压区间已远远超过了该安全电压。为解决电动汽车所面临的高压电绝缘安全问题，确保电动汽车的高压电用电安全，我国相关行业标准已对电动汽车的高压电回路设计和检测提出了明确的要求，并给出较为详细的实验检测规程，其中包括对绝缘电阻值的最低要求。

#### （一）高压电路绝缘的措施

动力系统在测量阶段最小瞬间绝缘电阻为 0.5 kΩ/V，交流、直流为 0.1 kΩ/V。各车厂开发的纯电动车辆根据各自设定的电压等级来确定动力系统的绝缘电阻报警阈值。

**1. 等电位设置**

触电防护是纯电动汽车电气安全设计的重要内容，一般来讲，可以通过两种途径来实现：一是直接接触防护，如绝缘设计、屏护防护（外壳、IPXXB/IPXXD 等）；二是间接防护，包括等电位连接、电气隔离（电气间隙、爬电距离）。

国标 GB/T 18384-3：2015《电动汽车 安全要求 第 3 部分：人员触电防护》中将等电位连接（电位均衡）定义为：电气设备外露可导电部分之间电位差最小化。

**2. 等电位连接的作用**

（1）防止人身遭受电击：将电气设备在正常运行时不带电的金属导体部分与接地极之间做良好的金属连接，以保护人体的安全，防止人身遭受电击。

（2）保障电气系统正常运行：电力系统接地一般为中性点接地，中性点的接地电阻很小，因此中性点与地间的电位差接近零。

在电动汽车产品中，如果整个电池组的最大电压超过 60 V（DC），就已经超过了人体安全电压的范围，必须进行等电位连接（设置），以确保使用安全。

在纯电动汽车动力系统中，我们可以使用将电气设备的外露可导电部件直接或通过保护导体与车辆底盘相连接的方法来进行等电位连接。

该方法将直流电气设备外壳与车辆底盘直接相连。采用等电位连接后，设备外壳和车身为相同电位，当该设备正极发生外壳漏电故障时，即使操作人员接触该带电的设备外壳，因为人体被等电位连接线短路，也不会有危险的电流流过身体，从而避免电击事故的发生。

### （二）高压电路绝缘阻值检测

电动汽车绝缘的问题主要可以分为动力电池内部、外部的高压回路两大原因。

**1. 动力电池内部**

动力电池内部主要是电解液泄漏、外部液体进入、绝缘层被破坏之后电池模组和单体出现了导电的回路等。这类故障发生之后可能会造成较为严重的后果（主要是打火和烧蚀，引起模块内单体的短路故障）。在大的动力电池模组内，我们可以通过模组内部、BMU、BMS和模组与托盘等多种绝缘措施进行控制。因动力电池绝缘故障而出现电击人的情况都是因为人身接触了电池的一端输出，如下图2-1-9所示。

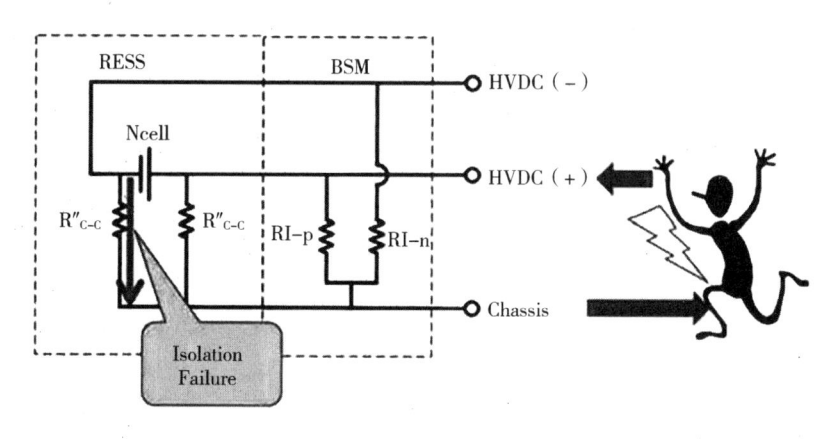

图2-1-9 动力电池绝缘故障使人遭受电击

**2. 电池外部**

电池外部的高压回路绝缘失效主要发生在高压连接器、高压线缆和高压用电部件内部，一般可以通过接触器断开而隔绝。

（1）高压连接器和高压线缆。

（2）高压用电部件内部出现绝缘失效。

绝缘问题有以下几种处理方式：

① 从动力源头切断所有充电和放电的线路，主要应对较高等级的绝缘故障。

② 考虑电池的故障发生在一定范围内，限制电机输出功率，使其在充电模式下

停止充电（阻止了能量回收）。

③ 限制电池包的输入和输出功率。

④ 仅亮起故障灯，不做其他处理。

出现绝缘故障之后，维修人员首先应保证人身安全，须佩戴好有一定安全等级、符合国家相关标准的防护用品（防护用品通常有使用年限要求），如绝缘手套（橡胶手套＋外用手套）、绝缘安全鞋等。各高压部件绝缘阻值检验标准值见表 2-1。

表 2-1 各高压部件绝缘阻值检验标准值

| 测量对象 | 标准参数 |
| --- | --- |
| 动力电池端正、负极输出端子 | 大于 500 MΩ |
| 动力电池线束端正、负极输出端子 | 大于 500 MΩ |
| 车载充电机正、负极 | 大于 20 MΩ |
| 空调压缩机正、负极 | 大于 20 MΩ |
| PTC 正、负极 | 大于 500 MΩ |
| 电机控制器正、负极 | 大于 20 MΩ |

## 实训任务

【任务导入】

电动汽车绝缘的问题主要可以分为动力电池内部、外部的高压回路两大原因。动力电池内部主要是电解液泄漏、外部液体进入、绝缘层被破坏之后电池模组和单体出现了导电的回路等。这类故障发生之后可能会导致较为严重的后果（主要是打火和烧蚀，引起模块内单体的短路故障）。在大的动力电池模组内，我们可以通过模组内部、BMU、BMS 和模组与托盘等多种绝缘措施进行控制。电池外部的高压回路绝缘失效主要发生在高压连接器、高压线缆和高压用电部件内部，一般可以通过接触器断开而隔绝。

【任务描述】

王先生的比亚迪秦 EV 电动汽车无法上"OK"挡，仪表主屏上"OK"灯不亮，汽车仪表提示绝缘故障。请你为王先生的爱车排除故障。

排故思路

【任务目标】

1. 能叙述新能源汽车绝缘的失效形式。

2. 能通过实车介绍新能源汽车高压电路绝缘阻值的检测方法。

3. 能介绍绝缘检测设备的使用方法。

**【任务准备】**

## 一、知识准备

1. 新能源汽车绝缘的失效形式。

2. 新能源汽车高压电路绝缘阻值的检测。

3. 新能源汽车绝缘检测设备的使用。

请把自己需要掌握的知识点和技能点填入下表。

| | |
|---|---|
| 知识点 | 1. |
| | 2. |
| | 3. |
| 技能点 | 1. |
| | 2. |
| | 3. |

## 二、工作场地

理实一体化教室

## 三、设备准备

新能源实训车辆

**【任务计划与实施】**

学生在教师的引导下分组,以小组为单位学习相关知识,并回答下列问题。

新能源汽车综合故障诊断

1. 新能源汽车绝缘的失效形式包括哪些?

2. 新能源汽车高压电路绝缘阻值的检测方法有哪些?

3. 新能源汽车绝缘检测设备包括哪些?

【评价与反馈】

一、填空题

1. 电动汽车绝缘的失效形式有_____、_____、低温环境下的_____、固定不当引起的_____。

2. 常用绝缘电阻表的额定电压为_____ V、_____ V、2500 V 等几种。它的标度尺单位是"兆欧"(MΩ)。

二、判断题

1.（　　）绝缘电阻表的额定电压过低，所测结果不能反映工作电压作用下电气设备的绝缘电阻。

2.（　　）电动汽车绝缘的问题主要可以分为动力电池内部、外部的高压回路两大原因。

3.（　　）人体的安全电压一般是指对人不直接致死或致残的电压。

4.（　　）拆装新能源汽车的高压部分零部件必须使用绝缘拆装工具。

## 三、技能考核

**实操演示**

### 学生实践记录表

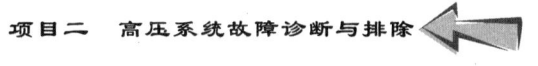

| 班级 | | 车型及年款 | | 配分 | 得分 |
|---|---|---|---|---|---|
| 姓名 | | 学号 | | 100 | |
| 实践设备 | | | | 5 | |
| 资料查阅 | | | | 10 | |
| 实施流程 | 绘制新能源汽车高压电路绝缘阻值检测导图。 | | | 30 | |
| | 对新能源汽车高压电路绝缘阻值进行检测。 | | | 30 | |
| 归纳总结 | | | | 15 | |
| 6S 整理：整理□ 整顿□ 清扫□ 清洁□ 素养□ 安全□ | | | | 10 | |
| 自我评价 | 良好□ 合格□ 不合格□ 分数_____ | | | | |
| 教师评价 | 良好□ 合格□ 不合格□ 分数_____ | | | | |

# 任务二　高压互锁故障诊断与排除

## 知识学习

### 一、高压互锁的概念

高压互锁简称 HVIL，是用低压信号监控高压回路完整性与连续性的一种安全设计方法。识别回路的异常断开，并及时切断高压输入端的控制电器件。理论上，低压监测回路要比高压先接通、后断开，且需间隔一定的时长，时间的长短可以根据项目具体而定，大约在 150ms 左右。

微课视频

### 二、高压互锁的组成

整车所有高压连接器连接位置，都需高压互锁信号回路，但互锁回路与高压回路不具有必然的联系。整车上高压，电器 A 和电器 B 构成一个完整回路。但高压互锁设计可能对电器 A 设置一个单独的互锁信号回路，同时给电器 B 也单独设置一个互锁信号回路；也可能把电器 A 和电器 B 的互锁信号串联在一个回路中，即互锁回路可设计成并联模式，也可设计成串联模式。

具备高压互锁功能的高压连接器，由壳体、高压导电件、低压信号导电件和监测模块及监测线路组成。高压互锁连接器一般实现方式是在对插的一对公端、母端上分别固定着一对高压接插件和一对低压接插件。当高压接插件处于断开状态时，低压回路被切断；当高压接插件处于连接状态时，低压回路也接通，形成完整回路。

### 三、高压互锁的作用

为什么要做高压互锁设计？高压互锁主要是用来保证高压系统安全的，主要有三个作用：

一是用来检测高压回路是否松动（高压回路松动会导致高压断电，使整车失去动力，影响人们乘车安全），并在高压断电之前给整车控制器提供报警信息，预留整车系统采取应对措施的时间。

二是在车辆上电行车之前发挥作用,如检测到电路不完整,则系统无法上电,避免因为虚接等问题造成事故。

三是防止人为误操作引发安全事故。高压系统在工作过程中,如果没有高压互锁设计的存在,人们手动断开高压连接点,在断开的瞬间,整个回路电压加在断点两端,电压击穿空气在两个器件之间拉弧,时间虽短,但能量很高,可能对断点周围的人员和设备造成伤害。

### 四、高压互锁的原理

整车高压系统以动力电池为电源,低压回路也需要一个检测用的电源,让低压信号沿着闭合的低压回路传递。当低压信号中断,说明某一个高压连接器有松动或者脱落。我们在高压互锁信号回路的基础上设计监测点或监测回路,让其负责将高压互锁信号回路的状态传递给BMS。

纯电动车高压互锁基础电气原理(并联)

纯电动车高压互锁基础电气原理(串联)

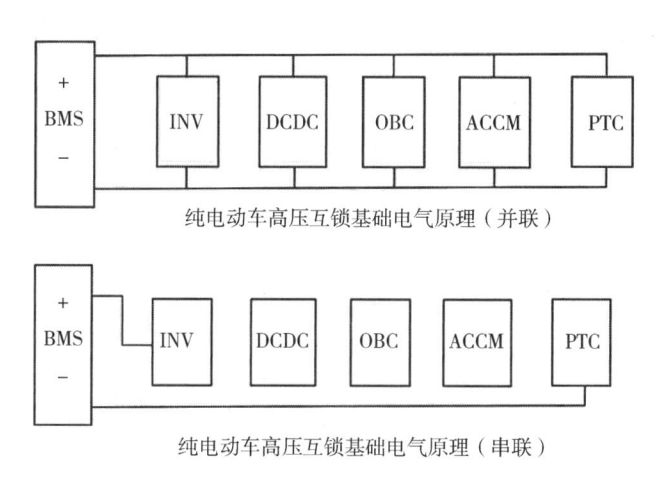

图2-2-1 高压互锁基础电气原理

高压互锁设计的实现需要以下设备:高压互锁连接器及高低压导线、闭合的低压电源信号回路、高压互锁监测回路及监测模块(监测模块可以是电池管理系统BMS,或者整车控制器VCU)、监测模块根据高压互锁监测结果控制高压继电器。

高压互锁的工作原理与实现方式。

高压互锁设计有两个方面的因素需要考虑,一个因素是低压系统怎样全面检测到整个高压系统每个连接位置的连接状态;另一个因素是怎样实现低压检测回路的信息传递动作必须领先于高压回路断开的动作。

具体的高压互锁实现形式根据不同的项目有不同的设计。

高压互锁的设计原则：

（1）互锁回路必须实时、连续、有效地监视整个高压回路的通断情况。

（2）所有高压线路连接器件必须具有机械锁止装置，且能够保证在连接器断开时，高压线路先断开；在与连接器结合时，高压线路先结合。

（3）所有高压连接器件在非人为操作下不能够被接通或者被断开。

本次课我们的教学用车比亚迪秦 EV 系列高压互锁线路主要分为两路，高压互锁 1 和高压互锁 2，高压互锁 1 用来检测直流高压插接件的完整性，高压互锁 2 用来检测交流高压插接件的完整性。两路高压互锁均由 BMS 来进行检测，而且高压互锁线信号采用串联、占空比监测的方式。如果波形信号的幅值、频率异常或检测出 4.2 V 左右的稳态电压，BMS 即确认直流高压系统线路不完整，存在虚接、短路、断路故障，为了防止安全事故发生，BMS 将禁止高压上电或进行下电流程，导致车辆无法正常行驶，同时生成故障码。

当整车在运行过程中高压系统回路断开或者完整性受到破坏的时候，车辆会启动安全防护系统；当带电插拔高压连接器时会导致高压端子拉弧损坏。由此可见，我们的汽车设计人员在设计车辆时还是把安全放在重要位置上。

## 五、高压互锁案例

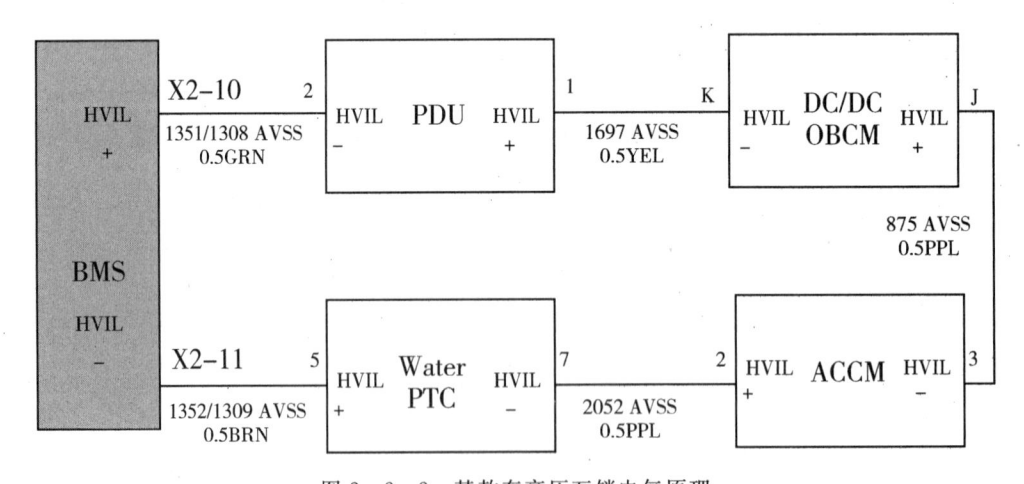

图 2-2-2 某款车高压互锁电气原理

该款车采用的串联方式，从 BMS 的正极引出高压互锁低压检测线，经过

PDU－DC/DC－ACCM－PTC 再回到 BMS 的负极，形成一个互锁回路。正常上电的情况下，互锁回路的输出电压一般≥5 V，且≤9 V。检查车辆是否存在高压互锁问题时，要检测 BMS 输入输出的两个脚位电压，如果在规定的电压范围内则正常，或者直接测回路电阻，理论上回路电阻值为 0 Ω，低于 5 Ω 都可以视为 0 Ω。

各个高压电器件由低压互锁回路串联在一起，高压线束与高压用电器连接时，采用带高压互锁结构的连接器连通整个回路。只要高压插件虚接或者断开，整个低压互锁回路则会断开，BMS 停止提供高压输出，外部操作人员则不会有触电危险。如图 2-2-3 高压用电器互锁回路连接示意图所示。

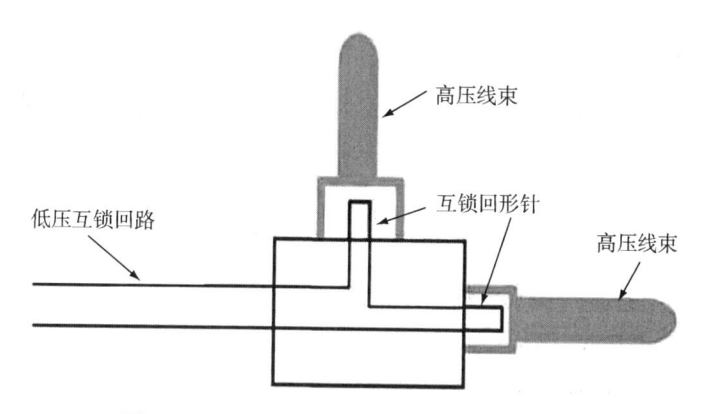

图 2-2-3　高压用电器互锁回路连接示意图

高压互锁故障排查。

我们以某款电动汽车为例，判断车辆是否是高压互锁故障，需满足两个条件：

第一：组合仪表中，动力电池故障指示灯常亮；

第二：CAN 线上 BMS 发出的报文 \$1D8：BMS_General_Status_1：HVInterLoStat=False。

当同时满足这两个条件时，我们可判定车辆为高压互锁故障。此时我们根据高压互锁的电气原理，采用适当的排查方法。

互锁回路排查：首先整车断开 12 V 低压供电，再断开 BMS 与动力电池连接的低压插件，用万用表测量 BMS 正极输出 X2-10 与负极输入 X2-11 针脚之间的电阻值。若电阻值大于 5 Ω，则需要检查整个高压回路的通断。

(1) 依次检查所有高压插件是否存在漏接、虚接现象。

(2) 检查高压插接件互锁回形针是否存在弯曲、断裂现象。

(3) 检查低压 4 个模块（PDU－DC/DC－ACCM－PTC）接插件是否存在漏

接、虚接现象。若回路确认有以上故障，可直接解决；若回路没有以上故障，则可定位为线束通断或用电器模块内部问题，需继续排查。

（4）依据上述高压互锁电气原理，采用排除法定位故障模块。

（5）先从 DC/DC 线束端开始，分段依次排查。

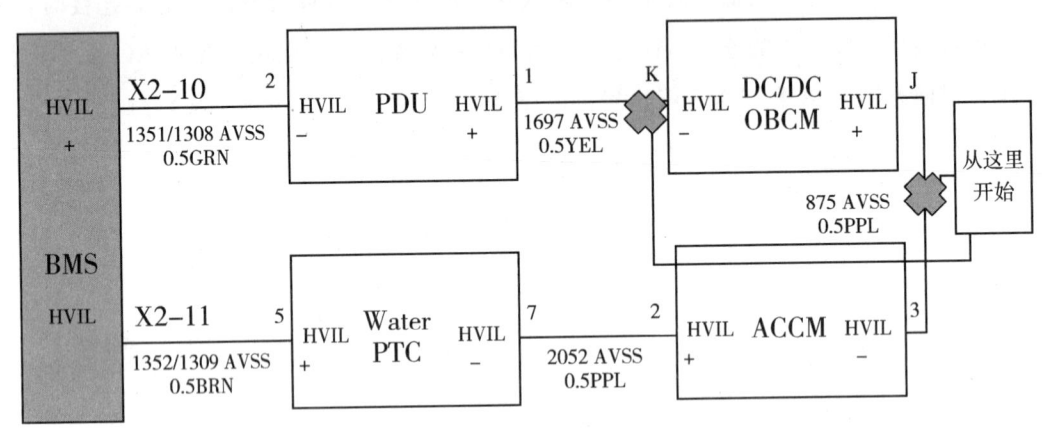

图 2-2-4 排查示意图

如图 2-2-4 所示，检查 K 到 X2-10，J 到 X2-11 是否导通。若哪一段没有导通，则可锁定为故障模块。

若电阻值小于等于 5 Ω，则需要检查整个高压回路是否存在短路。

（1）若电阻值小于 5 Ω，则说明回路导通，需检测 X2-10 对地是否短路。

（2）检测 X2-10 对电源是否短路，若短路，可直接解决；若短路，则可定位为 PACK 内部问题，需继续排查。

（3）检查副驾座位下方的 MSD 是否存在漏装、互锁针是否出现弯曲或断裂等情况。

（4）BMS 的高压插接件互锁回形针是否存在弯曲、断裂现象。

若确认有上述故障，可直接解决；若没有上述故障，可定位为 BMS 内部问题。

## 六、高压互锁系统故障诊断与排除

### （一）故障现象

踩下制动踏板并保持，打开点火开关，仪表正常亮起，显示动力电池电量正常，制动踏板高度正常，上电过程中能听到前机舱真空泵正常运转的声音，但高压接触器没有发出"咔嗒"的工作声，仪表上"OK"指示灯没有点亮，同时仪表显示"EV 功能受限"，如图 2-2-5，车辆无法换入 D 挡或 R 挡。

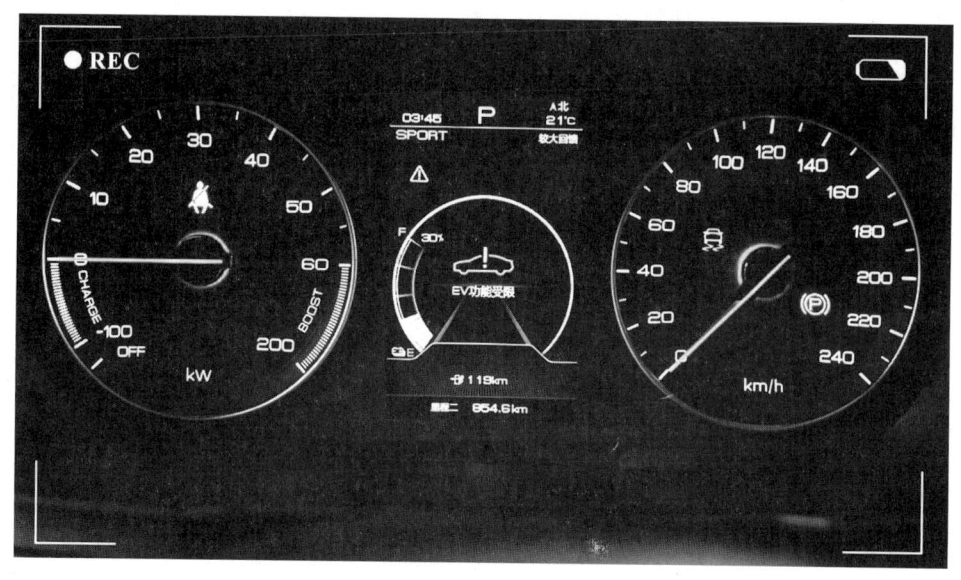

图 2-2-5 车辆仪表显示"EV 功能受限"

## （二）故障分析

所谓的 EV 功能，就是指车辆高压电器、高压线及低压驱动系统所承担的车辆高压上电、动力控制功能，如动力电池高压上下电控制、驱动电机控制、充电控制等高压控制功能及由 VCU、挡位控制器、ESP 等低压控制功能。如果高压互锁监测、绝缘监测等出现异常，将导致车辆在高压上电过程中监测到异常，导致高压上电失败，同时点亮仪表警告灯，并提示"EV 功能受限"。如果驱动系统及 ESP 系统出现故障，驾驶员在换挡行驶的过程中，仪表也将点亮警告灯，并提示"EV 功能受限"。

## （三）排故思路

仪表上的动力电池故障灯没有亮起，说明 BMS 与电池子网和电池通信转换模块及 4 个动力电池采集器 BIC 通信正常。

真空泵正常运转，说明 VCU 电源、通信基本正常。

因此，我们可以确认故障一般为高压控制、监测，以及温度、电压等造成的系统保护。

首先，我们利用诊断仪读取车辆存在的故障码。我们将诊断仪与车辆进行连接，打开车辆点火开关至 ON 挡，操作诊断仪访问 VCU、BMS 读取故障码，如图 2-2-6，我们可以读取到 P1A6000 的故障码，显示高压互锁 1 故障。

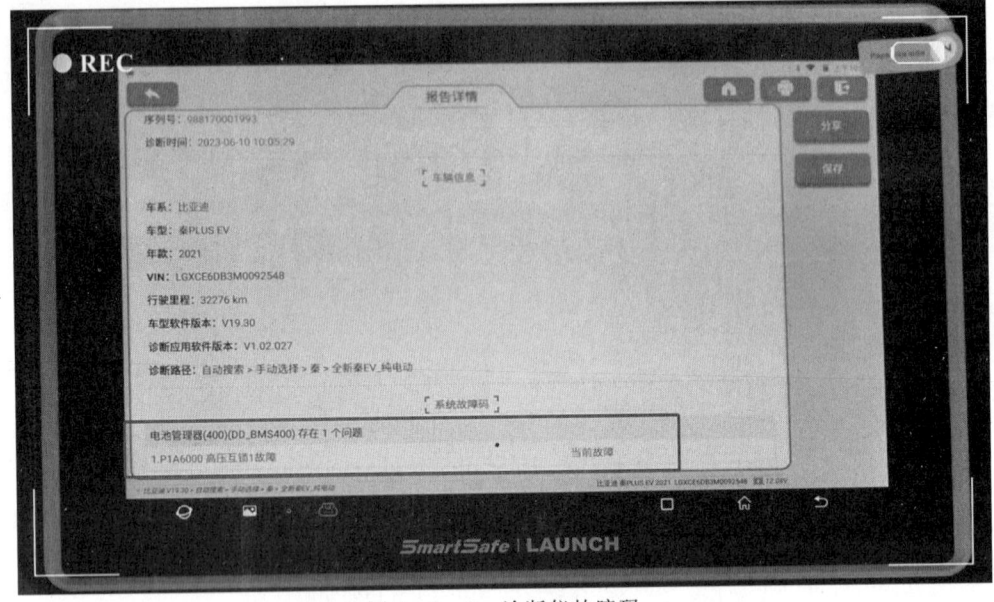

图 2-2-6 诊断仪故障码

根据诊断仪的提示,我们可以知道故障应该是发生在电池管理系统的互锁线路上。结合车辆电气原理图,见图 2-2-7,我们能够知道电池管理控制器的互锁输入、输出分别为 B4、B5 端子。

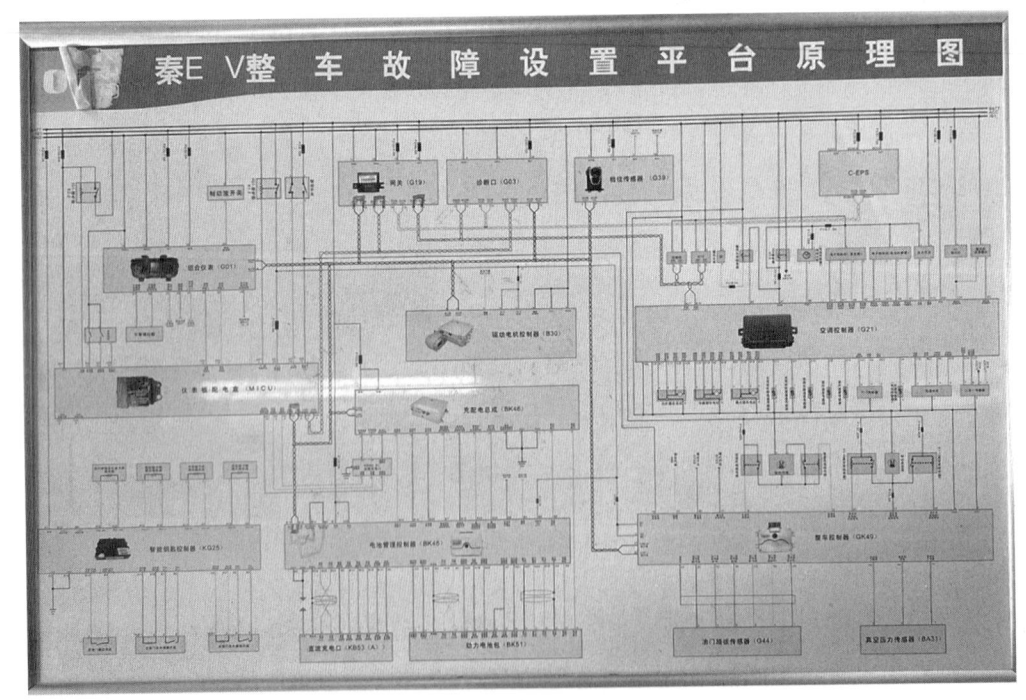

图 2-2-7 车辆电气原理图

接下来，我们就利用万用表分别对 B4、B5 端子的线路进行检测，我们将万用表打到电阻挡，用红色表笔接 BK45 的 B5 号脚，黑色表笔接 BK46 的 13 号脚，发现该段线路电阻显示无穷大，我们再测量 BK45 的 B4 号脚，电阻显示正常，说明 B5 至 BK46 的 13 号之间线路存在断路。这就应该是互锁故障。

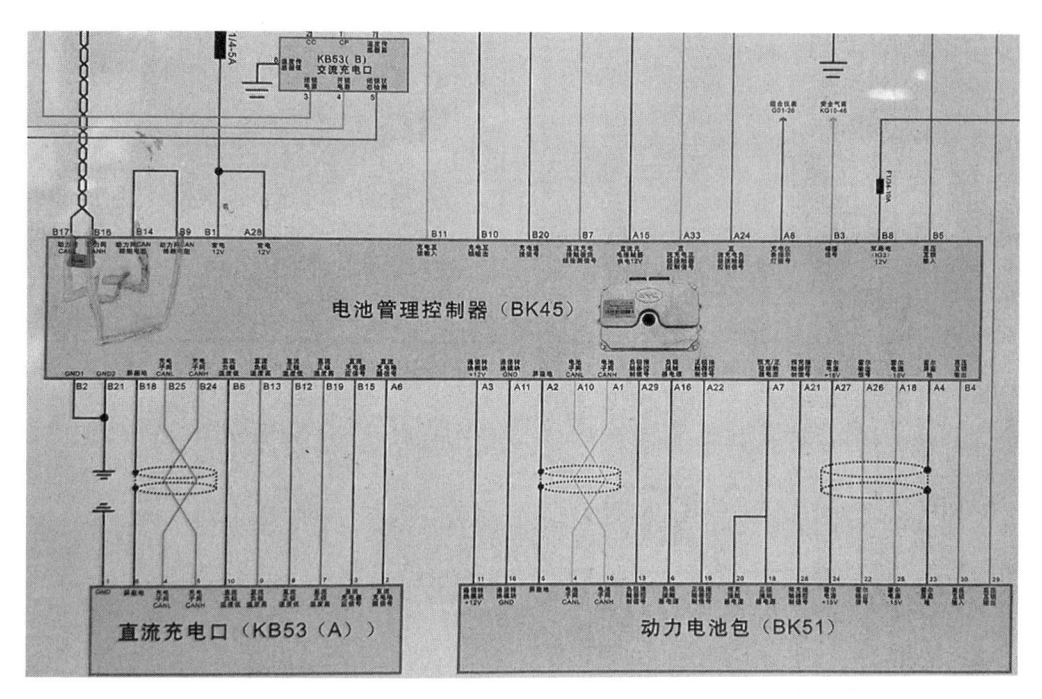

图 2-2-8 电池管理器（BK45）电气原理图

接下来我们更换该段线路，重新给车辆上电，可以看到车辆仪表里的"OK"灯正常点亮，车辆可以换入 D 挡或 R 挡。

经过检验，我们成功地排除了这个故障。在此次排故中，我们用到了诊断仪，为我们提供了诊断的方向。同学们在使用诊断仪的过程中，一定要规范使用，对故障代码结合电路图进行分析，准确找到故障所在。

## 拓展知识

就汽车电路而言，不论是低压线束，还是高压线束，一旦涉及进水、漏电、自燃现象，轻则损坏电路中零部件，重则直接威胁人身安全。

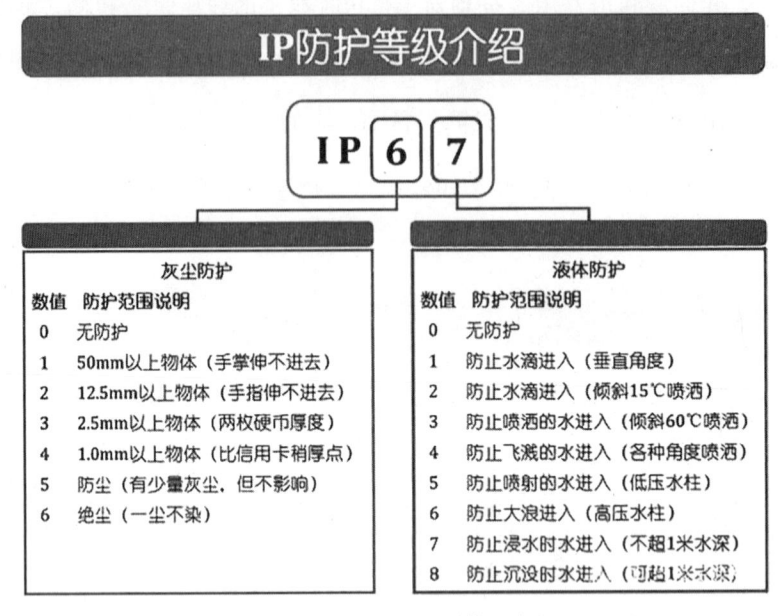

图 2-2-9　IP67 防护等级介绍

为提高新能源汽车在电路方面的安全性能，我们进行了较高安全级别的防护设计。如常见的防水尘等级 IP67。

当然除了防水尘之外，还有下面一系列的设计，以保证车辆在使用过程中的安全性。

摘自汽修宝典 App，有改动

## 一、设计安全

**1. 自身绝缘设计**

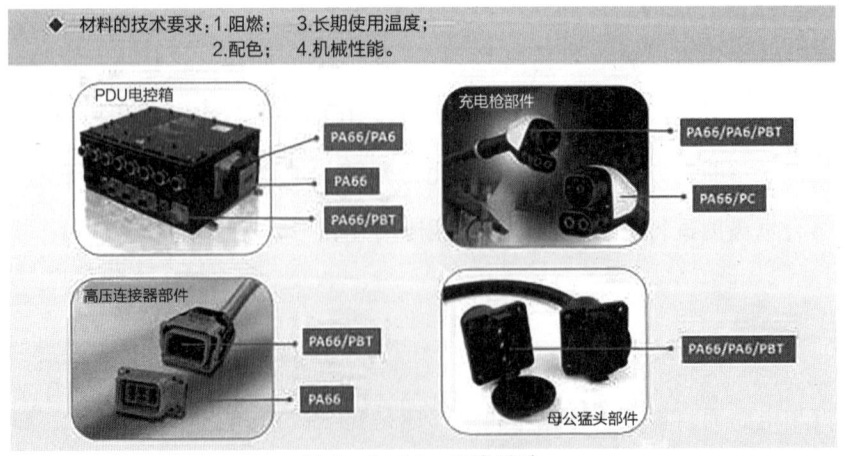

图 2-2-10　绝缘设计

对于高压系统而言，绝缘性能的高低对其安全性有着直接的影响。

所以我们在高压电气回路带电部件与自身壳体之间、高压回路与车辆底盘之间、不同高压部件之间高压系统与低压系统之间均采用了自身绝缘设计，且绝缘指标均预留安全余量，以保证在部件的生命周期内，绝缘措施不会因为老化而自然失效。如碰撞断电设计，见图 2-2-11。

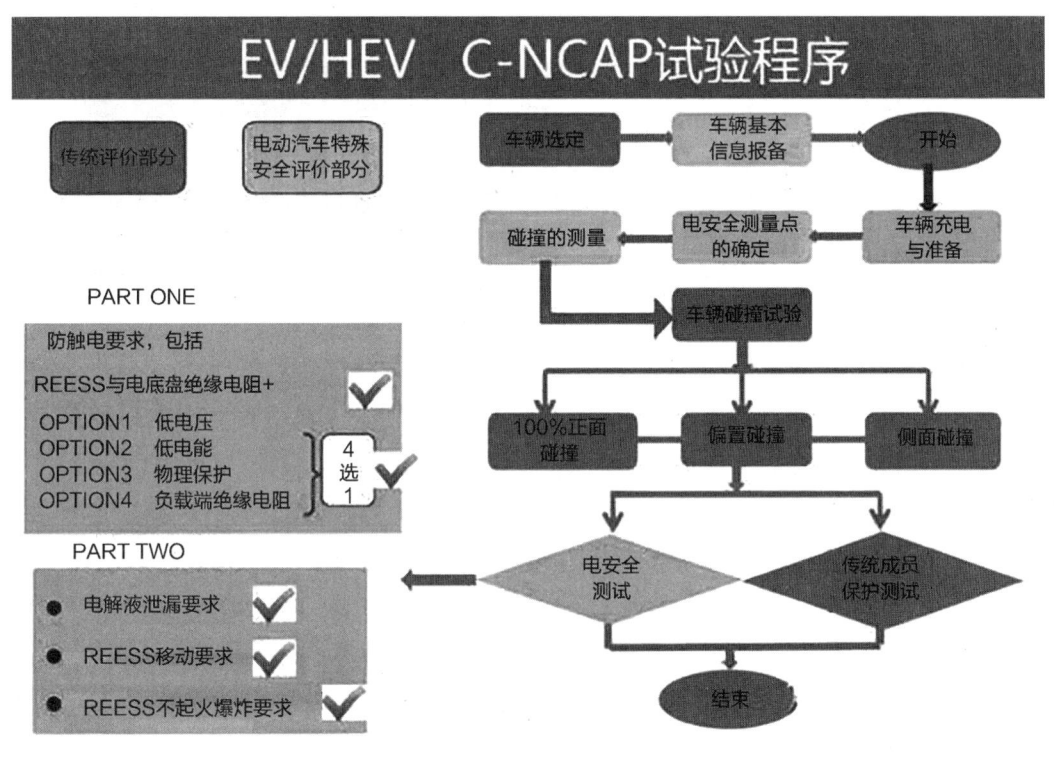

图 2-2-11 碰撞断电设计

当新能源汽车发生碰撞时，应保证高压系统无漏高压电的现象发生，我们常采用碰撞断电策略来实现。

在车辆发生碰撞后，碰撞传感器将碰撞信号传递给安全气囊电脑，经电脑确认校验。

若确认信号为真，安全气囊电脑则向整车控制器发送碰撞反馈信号，并由整车控制器发送碰撞断电指令给电池控制模块，同时切断电源主回路继电器来保证高压电的断开。

## 2. 高压互锁设计

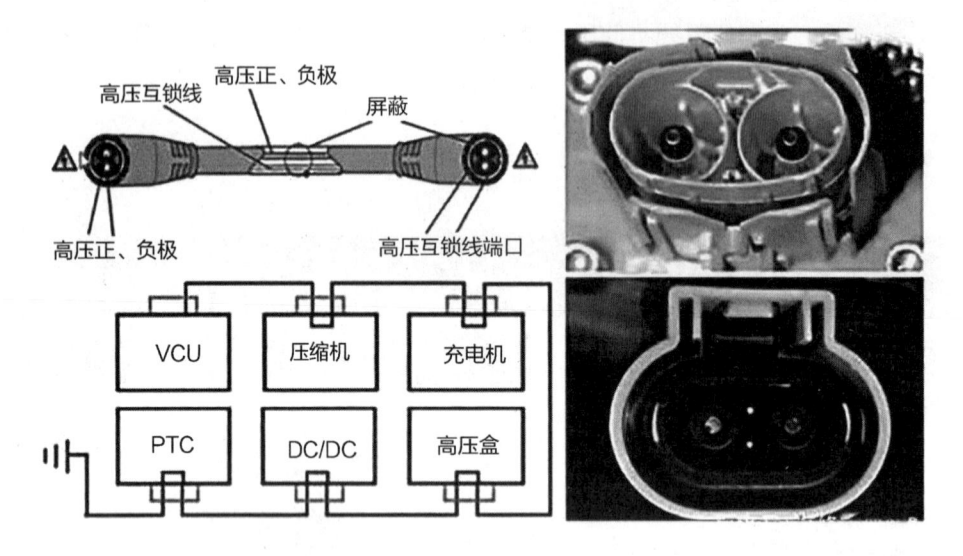

图 2-2-12 高压互锁设计

高压互锁是指在高压器件上设计一个与高压连接状态存在联动关系的低压部分，低压信号直接传递给整车控制器，并根据所接收的信号进行高压断电操作。

当高压连接正常，低压部分持续发送正常信号；当高压连接断开，低压部分发送异常信号，而且在高压回路上任意一点出现连接异常，都会出现故障报警。

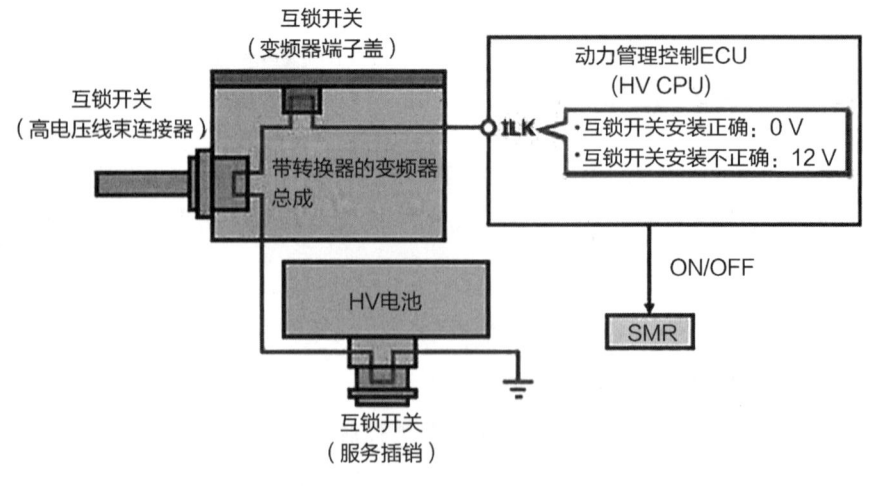

图 2-2-13 高压连接器之间的互锁功能

需要注意的是，高压互锁功能具有连续、有效、实时监测高压系统连接情况的特点，且所有高压连接器之间都有互锁功能，不论车辆处于什么状态，高压互锁的故障警示等级最高。

**3. 高压直流底盘绝缘**

高电压通过一定量的电阻与车辆底盘间形成绝缘，以免产生危害生命安全的电流。当发现高压电泄漏到车辆底盘时，车辆系统中将设置并存储一个相应的故障码。

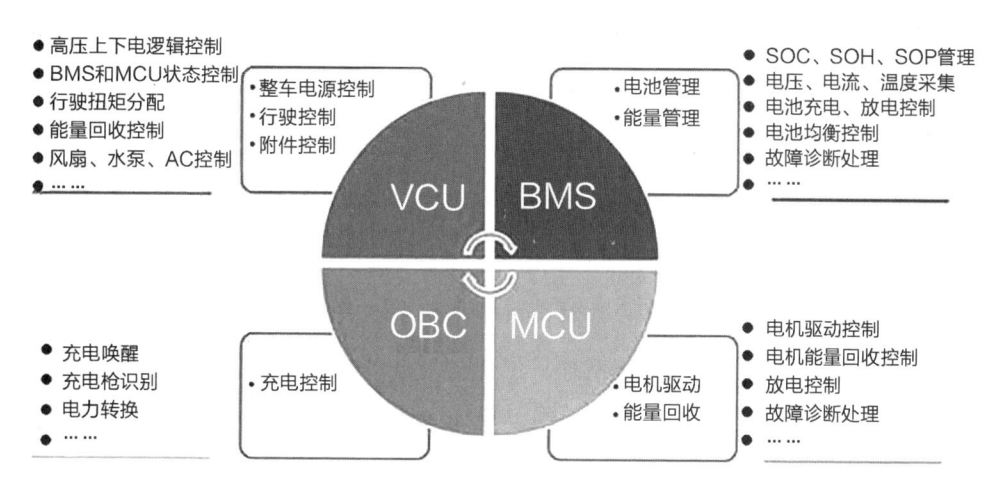

图 2-2-14 安全监测设计

安全监控系统的主要职责是对重要的数据以及关键部件的状态进行实时检测，并收集处理数据，及时获得高压系统的状态反馈。

安全监测除硬件部分外，软件系统作为整车控制器中的一个重要组成部分，覆盖了上电过程、运行过程、下电过程，每个部分都负责对故障检测的反馈结果进行判断，若判断正常，才可以继续下一个动作，后续流程才可以进行。

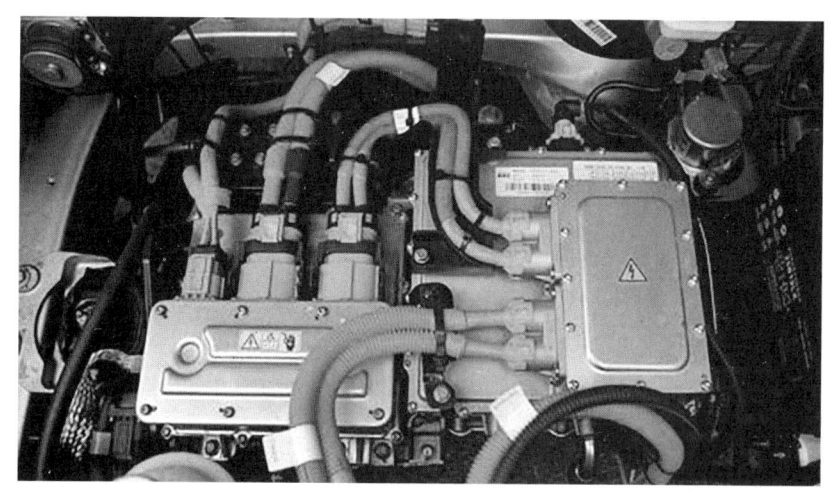

图 2-2-15 安全监测

车辆的安全设计是安全使用的保障，而后期的维修安全也不容忽略。这一点对于奋斗在一线的汽修人至关重要。

## 实训任务

**【任务导入】**

在电动汽车上，整车带有高压电的零部件有动力电池、驱动电机、高压配电箱（PDU）、电动压缩机、DC/DC、OBC、PTC、高压线束等，这些部件组成了整车的高压系统，其中动力电池、驱动电机、高压控制系统为纯电动汽车上的三大核心部件。

排故思路

高压系统存在电压普遍高，涉及部件、线束多的特点，所以人们在设计高压系统时，出于安全考虑，整个高压系统采用比较复杂的互锁系统进行监控，这样发生故障的概率会低一些。

**【任务描述】**

一辆比亚迪秦EV，踩下制动踏板并保持，打开点火开关，仪表正常亮起，动力电池电量显示正常，制动踏板高度正常，上电过程中能听到前机舱真空泵正常运转的声音，但高压接触器没有发出"咔嗒"的工作声，仪表上"OK"指示灯没有亮起，同时仪表显示"EV功能受限"，车辆无法换入D挡或R挡。

**【任务目标】**

1. 能叙述新能源汽车高压系统的组成。
2. 能通过实车介绍新能源汽车高压系统互锁的控制原理。
3. 能列举几种新能源汽车高压互锁故障的类型及诊断方法。
4. 能阐述中国品牌新能源汽车高压系统的领先水平。

**【任务准备】**

### 一、知识准备

1. 新能源汽车高压互锁的定义。
2. 新能源汽车高压互锁的控制原理。
3. 新能源汽车高压互锁故障诊断与排除方法。

请把自己需要掌握的知识点和技能点填入下表。

| 知识点 | 1. |
| --- | --- |
| | 2. |
| | 3. |
| 技能点 | 1. |
| | 2. |
| | 3. |

## 二、工作场地

理实一体化教室

## 三、设备准备

新能源实训车辆

**【任务计划与实施】**

学生在教师的引导下分组，以小组为单位学习相关知识，并回答下列问题。

1. 新能源汽车高压互锁的作用是什么？

2. 新能源汽车高压互锁的控制原理是什么？

3. 列举几种新能源汽车高压互锁故障的类型及诊断方法。

4. 从新能源汽车的高压互锁"低电压控制高压电"的原理中，你对"以小控大"有哪些感悟？

【评价与反馈】
一、填空题
1. 在电动汽车上，整车带有高压电的零部件有动力电池、驱动电机、_____（PDU）、_____、DC/DC、OBC、PTC、高压线束等，这些部件组成了整车的高压系统，其中_____、_____、_____为纯电动汽车上的三大核心部件。
2. 理论上，低压互锁回路要比高压先_____、后_____，且须间隔一定的时长。

二、判断题
1. （　　）车辆高压上电前，若检测到互锁电路不完整，则整车无法上高压，避免因为虚接等问题造成事故。
2. （　　）互锁回路故障的原因主要是开路或短路。
3. （　　）如果车辆在正常行驶中发生互锁故障，不会立即切断高压，先进行报警提醒，并延时断开。
4. （　　）高压插件处于连接状态，低压回路也接通，形成完整回路。

## 三、技能考核

### 学生实践记录表

| 班级 | | 车型及年款 | | 配分 | 得分 |
|---|---|---|---|---|---|
| 姓名 | | 学号 | | 100 | |
| 实践设备 | | | | 5 | |
| 资料查阅 | | | | 10 | |
| 实施流程 | 绘制新能源汽车高压互锁系统故障诊断思路导图。 | | | 30 | |
| | 对新能源汽车高压互锁故障点进行检测。 | | | 30 | |
| 归纳总结 | | | | 15 | |
| 6S 整理：整理□ 整顿□ 清扫□ 清洁□ 素养□ 安全□ | | | | 10 | |
| 自我评价 | 良好□ 合格□ 不合格□ 分数_____ | | | | |
| 教师评价 | 良好□ 合格□ 不合格□ 分数_____ | | | | |

# 任务三　仪表无 READY 指示灯故障诊断与排除

## 知识学习

新能源汽车没有发动机，仪表上也没有发动机转速表。汽车上电后驾驶员很难判断汽车是否进入就绪状态，所以在新能源汽车仪表中设置 READY 灯来提示驾驶员车辆进入就绪状态。当 READY 指示灯亮起，表示车辆可以运行。

微课视频

在新能源汽车起步时，驾驶员首先要把安全带系好，随后踩下制动踏板，按下引擎启动按钮，使按钮上的灯变为绿色，此时汽车仪表盘上出现 READY 的字样。在新能源汽车仪表中，READY 灯是翠绿色的，是指示灯的一种。

### 一、汽车仪表灯的组成

**1. 翠绿色提醒灯**

（1）照明灯具。后尾灯或车灯开启时此标识闪烁。假如夜里汽车仪表板上没有此标识，则车辆很有可能存有风险。

（2）远光灯。开启远光灯时仪表板上会有相应标识。远光灯在十分黑暗的城市道路上很有效，但要当心，开启远光灯会影响对面车子的可见度，会很危险。

（3）近光灯。当开启近光灯时，汽车前大灯往下旋转的时候会出现此标识。

（4）雾灯。开启雾灯时，仪表板上会出现相应的标识。

（5）应急警示/方位标识灯。

**2. 淡黄色警示灯**

（1）汽车刹车片毁坏警报灯。这是一般在国外的车子中可以看到的警示灯之一，当制动片有关感应器出现问题时照亮。一旦此警示灯亮起，驾驶员最好查验汽车刹车片。

（2）TPMS 警报灯。这是一种在轮胎压力较低时出现的警报灯。轮胎压力较低，很容易发生事故。

（3）汽柴油低警报灯。当汽车油箱油量在 5～7 L 时，此警示灯会亮起。当汽柴油不够警示灯闪烁时，驾驶员应该马上前去补充汽柴油。

（4）车体部位自动控制系统（ESC）显示灯。根据传感车子本身滚动来调整制动系统工作压力和汽车发动机输出的设备，它被称为车体航姿（ESC）。

假如 ESC 出现故障，该 LED 灯会亮起。假如 ESC 指示灯闪动，则表明一切正常。

（5）ABS 警报灯。ABS 制动系统是一种主动性保险装置，可在迅速制动系统期内调整机动车的均衡。假如 ABS 制动系统出现异常，该显示灯很有可能会亮起。

**3. 鲜红色警报灯**

（1）给蓄电池充电。假如蓄电池未充进去电，此警示灯会亮起。它是一种警报灯。

（2）汽车安全气囊警报灯。当车辆自身系统检测到汽车安全气囊出现问题时，此灯闪烁。

（3）制动系统警报灯。刹车踏板液不够时，此灯便会闪烁。

## 二、READY 灯（"OK"灯）的工作原理

### （一）READY 灯（"OK"灯）的作用

此灯点亮表示车辆已经进入就绪状态，可以行驶。

### （二）READY 灯（"OK"灯）的控制流程

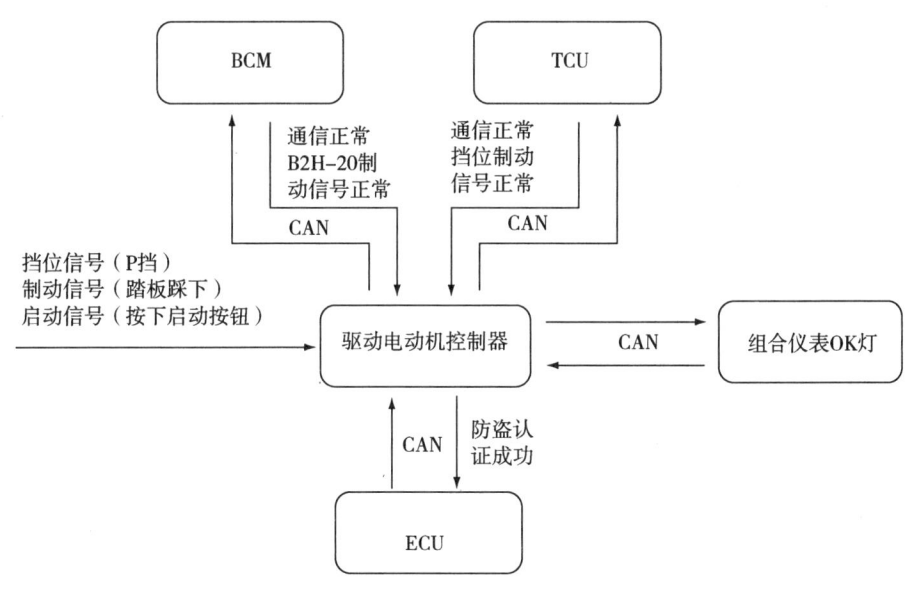

图 2-3-1 OK 灯控制流程图

启动前将车辆挡位置于 P 挡，踩下制动踏板，按下启动按钮，此时驱动电机控制器接收到制动、挡位及启动信号后，分别与车载 ECU、TCU、BCM 进行通信，各模块之间确认通信正常后，即通过 CAN 线向仪表发出点亮 READY 灯（"OK"灯）的命令，READY 灯（"OK"灯）亮起。

## 三、新能源汽车 READY 灯（"OK"灯）无法点亮故障案例

### （一）故障现象

一辆行驶里程约 30000km 的 2018 年吉利帝豪 EV450 纯电动汽车。用户反映：该车踩下制动踏板按下启动开关后，仪表板上 READY 灯不亮，SOC 有显示，动力系统故障灯点亮，动力电池指示符号不变黄，蓄电池充电指示灯、(EPB) 故障灯和车辆稳定系统（ESC）故障灯点亮，高压不能上电。

### （二）故障分析

维修人员接车后试车，故障现象属实。打开车辆前舱盖，检查前舱电机控制系统、低压线束和高压线束的插接器以及低压蓄电池电压，均正常。用故障诊断仪检测，发现诊断仪无法与整车控制器（VCU）建立通信；在仪表控制单元和电池管理系统（BMS）均存在当前故障码"U111487—与整车控制器丢失通信"。

整车控制器（VCU）是纯电动汽车整车控制系统的核心，承担了数据交换与管理、故障诊断、安全监控以及驾驶人意图解析等功能。VCU 还能够通过 CAN 总线协调 BMS、电子换挡器、电机控制器、组合仪表、EPB、ESC、安全气囊模块以及空调等系统控制单元相互通信。因此我们根据故障现象和故障码的提示，可初步判定故障与 VCU 相关，故障原因可能为：VCU 供电故障、VCU 通信故障、VCU 本身故障。

### （三）故障诊断与排除

首先，我们对 VCU 的供电故障进行检查。我们根据维修手册和相关电路图可知，VCU 具有多路供电电源。VCU 常电出现故障，诊断仪将不能进入 VCU 模块；VCU 的 IG 电出现故障，诊断仪则可以进入 VCU 模块。因此结合故障现象，我们直接检查 VCU 的常电电源。

我们用万用表测量 VCU 插接器 CA66 的 12 号端子，对搭铁电压为 11.96 V（标准值为 11.00~14.00 V），正常。检测插接器 CA66 搭铁端子的导通性，由图 2-3-2 可知，1 号、2 号、26 号和 54 号端子为搭铁端子。关闭启动开关，断开 CA66，用万用表分别测量 1 号、2 号、26 号和 54 号端子与车身搭铁之间的电阻值，测量结果如表 1 所示。

表 1  VCU 搭铁端子导通性测量结果

| 测量部位 | 实测数据/Ω | 参考数据/Ω | 是否正常 |
|---|---|---|---|
| 1 号端子 | 0.68 | <1.00 | 正常 |
| 2 号端子 | 0.72 | <1.00 | 正常 |
| 26 号端子 | 0.69 | <1.00 | 正常 |
| 54 号端子 | 0.54 | <1.00 | 正常 |

项目二　高压系统故障诊断与排除

根据上述检测可知 VCU 的供电和搭铁均正常，于是维修人员开始检查 VCU 的通信线路。

VCU 通过 CAN 总线进行通信。我们查阅资料得知，如果是总线故障导致无法上电，那么动力 CAN（P-CAN）存在故障的可能性更大。由图 2-3-2 可知，插接器 CA66 的 7 号端子和 8 号端子分别是 P-CAN 的 CAN-L 和 CAN-H 线。

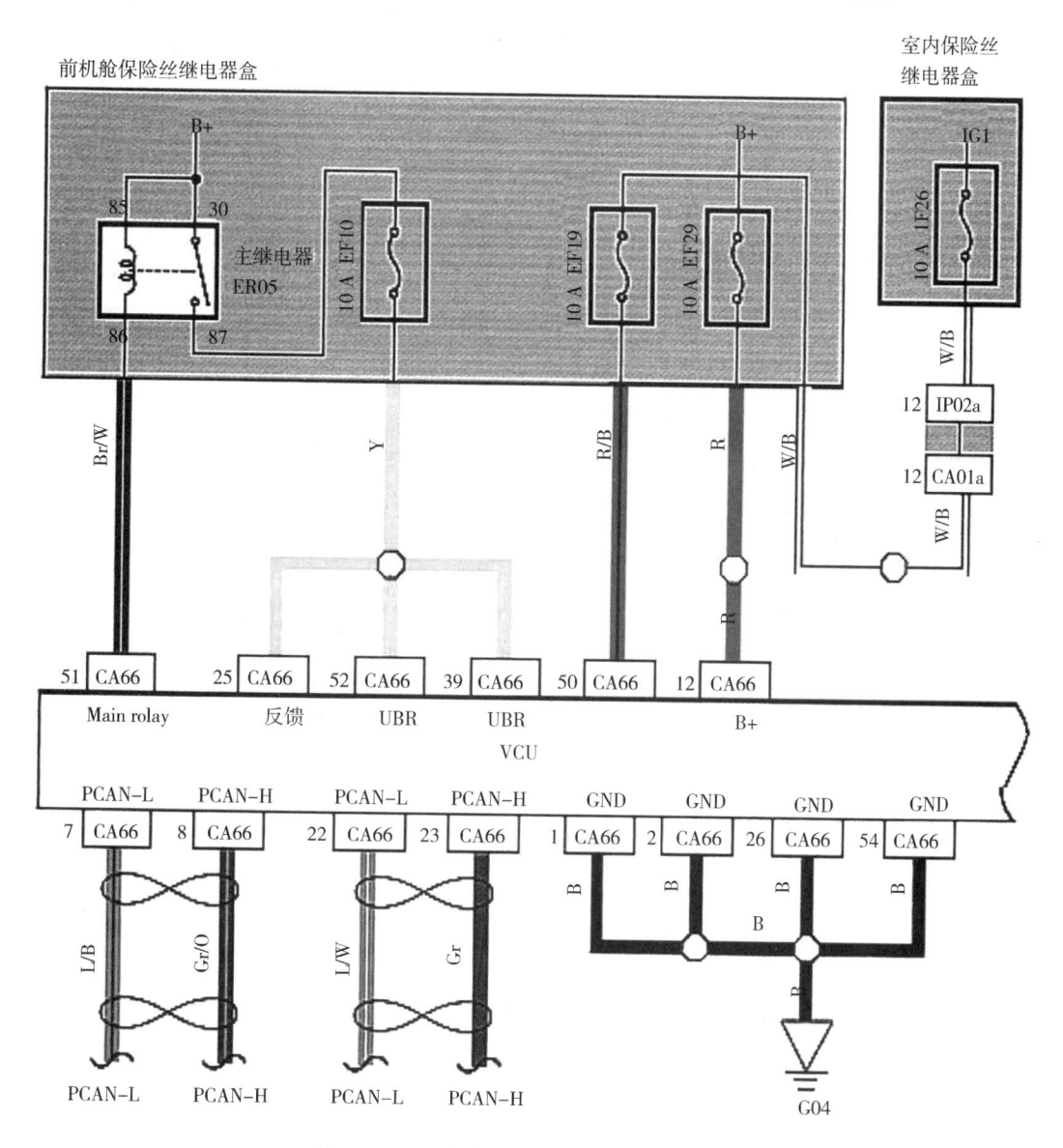

图 2-3-2　整车控制器（VCU）相关电路

P-CAN 在电机控制器（MCU）和 BMS 上分别串联了一个 120Ω 的终端电阻，

动力 CAN（P-CAN）与 MCU 和 BMS 连接电路如图 2-3-3 所示。

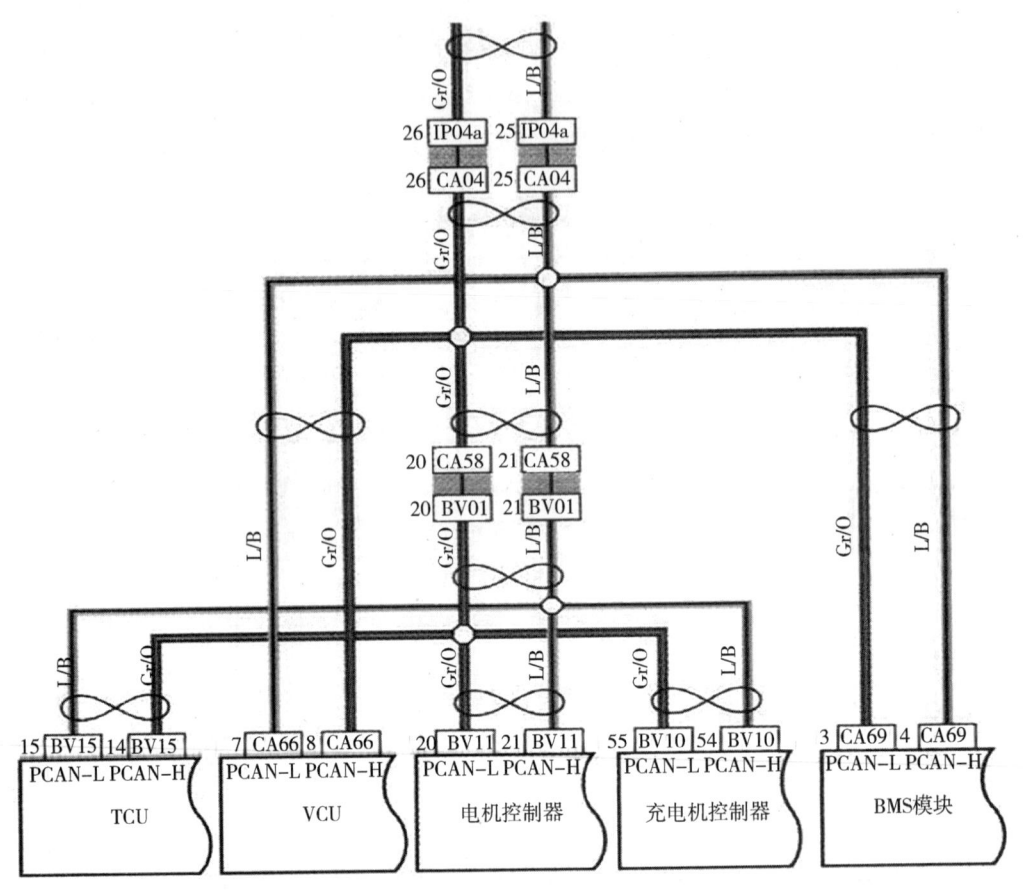

图 2-3-3 动力 CAN（P-CAN）与 PEU 和 BMS 连接电路

关闭启动开关，断开蓄电池负极，拔下插接器 CA66，分别测量 7 号端子和 8 号端子对搭铁电阻，均为无穷大，正常；测量 7 号和 8 号端子间电阻，也为无穷大，明显不正常（正常为 60.00Ω）。由此怀疑插接器 CA66 的 7 号或者 8 号端子相连线束有故障。

通过分析图 2-3-3，我们关闭启动开关，断开插接器 CA58，分别对 CA66 的 7 号端子与 CA58 的 21 号端子间的电阻进行测量，为 0.90Ω，导通；测量 CA66 的 8 号端子与 CA58 的 20 号端子间的电阻为无穷大，存在断路。

故障排除：根据维修手册的要求修复线束，重新按下启动开关，车辆上电，仪表 READY 灯点亮，无其他故障警告灯点亮，故障排除。

## 实训任务

**【任务描述】**

一辆比亚迪秦电动汽车无法上"OK"挡，仪表主屏上"OK"灯不亮，P挡指示灯闪烁，并提示"请检查动力系统"。

**【任务目标】**

1. 能叙述新能源汽车"OK"灯点亮需要的条件。
2. 能通过实车介绍新能源汽车"OK"灯的控制原理。
3. 能列举几个新能源汽车"OK"灯无法点亮的原因。

排故思路

**【任务准备】**

### 一、知识准备

1. 新能源汽车"OK"灯的作用。
2. 新能源汽车"OK"灯的控制原理。
3. 新能源汽车动力受限（"OK"灯无法点亮）诊断与排除方法。

请把自己需要掌握的知识点和技能点填入下表。

| | |
|---|---|
| 知识点 | 1. |
| | 2. |
| | 3. |
| 技能点 | 1. |
| | 2. |
| | 3. |

### 二、工作场地

理实一体化教室

## 三、设备准备

新能源实训车辆

【任务计划与实施】

学生在教师的引导下分组,以小组为单位学习相关知识,并回答下列问题。

1. 新能源汽车仪表指示灯的作用是什么?

2. 新能源汽车的上电流程是什么?

3. 列举几个新能源汽车"OK"灯不亮的原因。

4. 你对新能源汽车上电流程的原理有哪些感悟?

【评价与反馈】

一、填空题

1. 新能源汽车仪表中设置_____灯来提示驾驶员车辆进入就绪状态。

2. _____是一种主动性的保险设置,可在迅速制动系统期内调整机动车的均衡。

二、判断题

1.（    ）电池管理系统存在故障时,会导致高压电系统内部接触器不能工作,使车辆失去动力。

2.（    ）仪表灯闪烁或者变暗,说明仪表坏了,需要更换仪表。

3.（    ）维修时应注意"OK"灯是否点亮,如果点亮,说明车辆处于工作状态。

4.（    ）电池管理系统存在故障时,车辆会失去动力,并点亮故障灯。

## 三、技能考核

**实操演示**

### 学生实践记录表

| 班级 | | 车型及年款 | | 配分 | 得分 |
|---|---|---|---|---|---|
| 姓名 | | 学号 | | 100 | |
| 实践设备 | | | | 5 | |
| 资料查阅 | | | | 10 | |
| 实施流程 | 绘制新能源汽车高压上电的思路导图。 | | | 30 | |
| | 对新能源汽车无法点亮"OK"灯故障点进行检测。 | | | 30 | |
| 归纳总结 | | | | 15 | |
| 6S整理：整理□ 整顿□ 清扫□ 清洁□ 素养□ 安全□ | | | | 10 | |
| 自我评价 | 良好□ 合格□ 不合格□ 分数_____ | | | | |
| 教师评价 | 良好□ 合格□ 不合格□ 分数_____ | | | | |

# 项目三 控制系统故障诊断与排除

## 任务一 电池管理系统故障诊断与排除

### 知识学习

#### 一、动力电池系统的组成

动力电池一般安装在新能源汽车的底盘上，如图 3-1-1 所示。我们在使用动力电池的过程中，要在合理的电压、电流、温度范围内，并且出于安全及运行经济效益的考虑，要时刻关注电池的状态参数。电池过充电或者过放电不仅会影响使用寿命，而且存在安全隐患。锂电池系统能量密度较大，而且价格比较昂贵，我们对如何安全高效地使用锂电池进行研究有重大的实际意义。

微课视频

图 3-1-1 动力电池

电池管理系统简称 BMS，是 Battery Management System 的缩写，实车上的 BMS 模块如图 3-1-2 所示。

图 3-1-2 BMS 模块

动力电池管理系统包括硬件和软件。硬件分为主控模块和从控模块两大部分，主要由数据采集单元（采集模块）、中央处理单元（主控模块）、显示单元、均衡单元检测模块（电流传感器、电压传感器、温度传感器、漏电检测）以及控制部件（熔断装置和继电器）等组成。中央处理单元由高压控制回路和主控板等组成，数据采集单元由温度采集模块、电压采集模块等组成。

软件包括控制策略、实现控制策略的底层操作系统以及实现检测、运算和判断的应用程序。动力电池管理系统中的软件设计，它的功能一般包括系统初始化、自检、系统检测、电压检测、温度采集、电流检测、绝缘检测、SOC 估算、CAN 通信、上下电控制、放电均衡、充电管理和热管理等。动力电池管理技术指标包括：最高可测量总电压、最大可测量电流、SOC 估算误差、单体电压测量精度、电流测量精度、温度测量精度、工作温度范围、CAN 通信、故障诊断、故障存储功能、在线监测与调试功能等。如图 3-1-3 荣威 E550 动力电池组系统所示，其为磷酸铁锂电池。

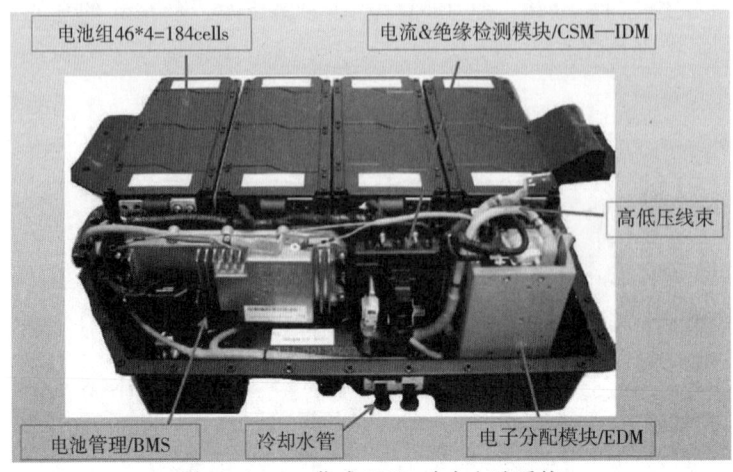

图 3-1-3　荣威 E550 动力电池系统

## 二、新能源汽车需要对动力电池管理的问题

电池管理系统是新能源汽车对电池的使用进行管理的系统。新能源汽车动力电池的使用存在很多需要管理的问题。

首先，电池串联生热和一致性问题。汽车动力电池采用大容量单体锂电池，容易产生电池过热的问题。单体电池有一定的温度耐受范围，在实际应用中如果体积过大，会产生局部过热的问题，从而影响电池的使用安全和性能。因此，单体电池的大小受到限制，动力和储能电池不能采用超大的单体电池，大多是将一定数量的小的单体锂电池串联起来，如图 3-1-4 所示，其参数如图 3-1-5 所示。

| 项目 | 参数 |
| --- | --- |
| 标称容量（Ah） | 150 |
| 标称电压（V） | 346 |
| 工作电压范围（V） | 266-408.5 |
| 总能量（kWh） | 51.9 |
| 成组方式 | 95S1P |
| 重量（kg） | 384 |
| 尺寸（L×W×H）(mm) | 1985×1080×287 |
| 充电功率(kW) | 90 |
| 放电功率(kW) | 150 |
| IP防护等级 | IP67 |

图 3-1-4　单体锂电池串联成动力电池组　　图 3-1-5　动力电池组参数

我们有必要监测和控制动力电池组的温度。现有的正极材料和电池制造水平使电池在生产和使用过程中均会出现单体电池之间尚不能达到性能的完全一致。单体电池通过串并联方式组成大功率、大容量动力电池组后，苛刻的使用条件也易诱发局部偏差，从而引发安全问题。因此，为确保电池的性能良好，延长电池使用寿命（提升50%以上），我们必须使用BMS对电池组进行合理有效的管理和控制。

其次，电池成组的问题。电池成组后主要有以下几种问题。

**1. 过充/过放**

串联的电池组在充电或放电时，由于充电或放电时化学反应不一致，部分电池可能先于其他电池充满或放完。继续充电或放电就会造成过充或过放，锂电池的内部副反应将导致电池容量下降、热失控或者内部短路等问题。

**2. 电流过大**

并联、老化、低温等情况均会导致部分电池的电流超过其承受能力，缩短电池的使用寿命。

**3. 温度过高**

局部温度过高会使电池的各种性能下降，最终导致内部短路和热失控，造成车辆自燃等安全问题，如图3-1-6所示。

图3-1-6 新能源汽车自燃

### 4. 短路或者漏电

振动、湿热、灰尘等因素都会造成电池短路或漏电，威胁驾乘人员的人身安全。

## 三、新能源汽车电池管理系统的功能

BMS通过通信接口与整车控制器、电机控制器、能量管理系统、车载显示系统和远程监控终端等进行通信。譬如，在北汽新能源的EV200车型中，电机控制器、电池管理系统、整车控制器和车载充电器为通信报文收发节点，通过CAN总线连接，各节点可经过相互通信了解其他部件的工作状态，使整车系统处于高效可靠的工作状态中。

对于电动汽车动力电池管理系统，各个整车厂商的控制策略基本相同，但选用的控制元器件精度、性能有所不同，特别是在实现控制策略的算法、应用程序方面各不相同，这也成为各个厂家的特色和机密。各整车厂商在控制软件开发上会根据电池在使用过程中出现的问题不断进行完善，并通过刷程序来为车主的爱车升级。维修人员取得整车厂商的授权，并得到控制程序和密码后，就可以通过车辆OBD接口对有关控制器的程序进行重刷升级。

电池管理系统的主要功能包括：

### 1. 数据采集功能

采集电池单体的电压、温度，整个电池组的电压、电流，保证电池在安全范围内工作，注意电池的最大充放电电流以及单体最高和最低电压、温度等。

### 2. 数据显示功能

能将电池的状态信息传递到屏幕上，供驾驶人员查看电池数据，如图3-1-7所示。

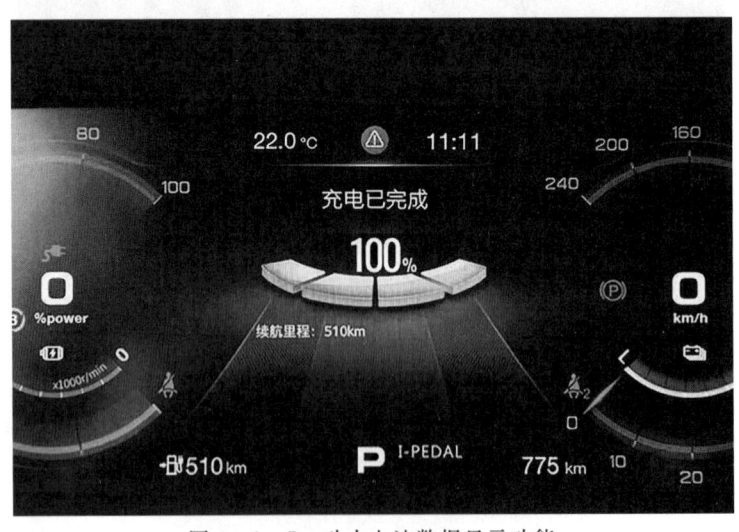

图3-1-7 动力电池数据显示功能

### 3. 热管理功能

磷酸铁锂电池的容量对温度比较敏感，电池温度会对电池的内阻产生影响。为了提高电池的利用率，生产商有必要在电池管理系统中增加热管理功能。

### 4. 状态估计功能

这是电池管理系统比较重要的功能，电池的状态估计包括 SOC（剩余电荷量）、SOH（电池的健康状态或电池的老化程度）估计。SOC 代表着电池还有多少电量，如图 3-1-8 所示。SOH 代表着电池健康状态信息或电池的老化程度，它受充放电循环次数以及工作温度、放电电流大小等因素的影响。但是目前 SOH 估计技术还不是很完善。

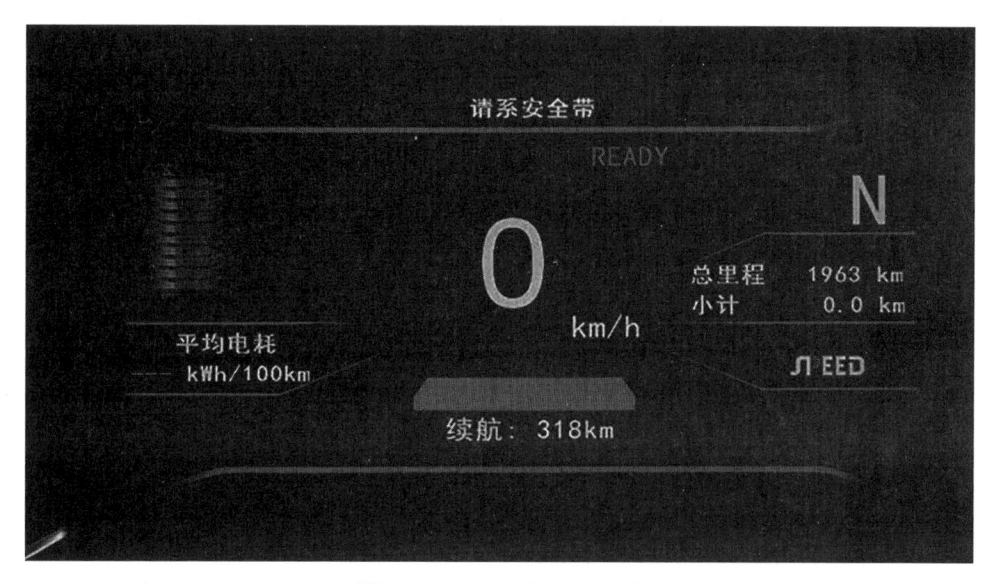

图 3-1-8 电池 SOC 显示

### 5. 安全管理功能

安全管理功能是指根据电池的电压、电流、温度参数等在电池出现危险情况时及时对其进行保护，比如断路等。常见的电池安全保护有过流保护、过充过放保护及过温保护。

### 6. 能量管理功能

能量管理是指对电池组充放电过程的控制。电池的充电控制管理，是指电池管理系统在电池充电时对充电电压、充电电流的控制。电池的放电管理功能也很重要，在电池的电量较低（<10%）时，它可以适当控制电池的放电电流，提升电池的续航能力。能量管理功能也包括电池单体的电量均衡功能。

**7. 信息管理功能**

此功能主要负责 BMS 与外界进行信息交换，以及电池历史数据的保存等。电池管理系统主要的通信功能有：内部 CAN 通信（本地模块和 slave 模块）、BMS 模块和整车控制器 CAN 通信、BMS 模块和充电机 CAN 通信。

### 四、电池管理系统故障诊断与排除

#### （一）故障现象

驾驶员踩住制动踏板，打开点火开关后，仪表能够正常亮起，但高压接触器没有发出"咔嗒"的工作声，此时，仪表上的"OK"指示灯无法点亮，动力电池故障指示灯点亮，同时 SOC 也没有显示，车辆无法换入前进或后退挡。

#### （二）故障分析

我们首先要确定造成故障的原因。根据其电路图以及工作原理，我们可以知道动力电池故障灯点亮说明 BMS 此时出现异常；仪表无法显示 SOC 值，说明 BMS 到组合仪表之间无法传递电量信息。整车控制系统故障灯、主警告灯、ABS、ESP 等驱动系统的故障灯还没有亮起，说明动力 CAN 通信正常；BMS 模块内有动力 CAN 的终端电阻，动力 CAN 可以正常工作，说明 BMS 模块内的终端电阻及动力总线没有故障。

因此，我们主要的排查对象就是 BMS 的电源线路故障或其自身故障。

#### （三）排故思路

BMS 电源线路主要包含两个电源输入、一个唤醒输入和两个接地端。根据它的工作条件，我们以先易后难的维修思路进行排故。

首先断开 BMS 连接插头 Bk45A、Bk45B，并检查 BMS 连接插头 Bk45A、Bk45B 是否有裂痕和异常，针脚是否腐蚀、生锈，如果有上述情况，需清洁插头和针脚。

如果插头正常，我们接下来对它的供电线路进行检查。

其次，验证 Bk45A/28、Bk45B/1 针脚与车身接地之间电压是否为蓄电池电压，如果不是蓄电池电压，就检查 F1/4 保险丝；如果 F1/4 保险丝损坏就更换保险丝，如果保险丝未损坏，就对 F1/4 保险丝两侧的线路进行检查，维修损坏的线路。

如果是蓄电池电压的问题，就继续对它的接地线进行检查。

这一步需要验证 Bk45B/2、Bk45B/21 针脚与车身接地之间的导线是否能导通，如果不能导通，就维修这两根接地线。

如果电阻值小于 1 欧姆，就继续对它的唤醒线进行检查。这一步需要验证 Bk45B/8 是否有电源电压。如果没有电源电压，就要进一步检查 F1/34 保险丝的好坏，如果保险丝损坏就对其进行更换，如果保险丝正常，就对保险丝两侧的线路进行排查，检查其通断性。如果有电源电压，那么故障就出在 BMS 内部，需要对其进行整体更换。车身控制器 BCM 并没有故障现象，因此，不考虑共用继电器 IG3 的损坏。

## 拓展知识

### BMS 电池管理系统市场近况

BMS 最核心的三大功能为电芯监控、荷电状态（SOC）估算以及单体电池均衡。BMS 能监测到单体锂电池芯的工作温度和电量，并自动采取措施均衡单体锂电池芯的充放电电流和防止过温现象发生；能使电动汽车动力电池在各种工作条件下获得最佳的性能、最长的使用寿命，它是发展电动汽车的关键技术之一。

知识拓展

国外动力电池 BMS 普遍采用主动均衡技术，单车成本较高，同时 BMS 价格也在以每年 10%～15% 的速度下降，因此 BMS 市场规模的增速也将显著慢于动力电池产量的增速。

## 实训任务

### 【任务导入】

汽车控制系统是基于车载电子微处理器的硬件和软件，以及 CAN 通信网络系统等来实现对汽车各个功能单元的控制，主要由整车控制器（VCU，Vehicle Controller Unit）、电机控制单元（ECV，Electronic Control Unite）、电池管理系统（BMS）、CAN 通信网络系统及动力电机、动力电池装置等组成。其中电池管理系统是纯电动汽车动力系统的核心，其主要任务是保证电池系统安全性、耐久性及动力性。电池故障诊断是保证电池安全的必要技术之一，国家（推荐性）标准 GB/T 38661—2020 规定电池管理系统需具备电池故障诊断功能，并规定了电池故障诊断基本项目及可扩展项目共 17 项。

排故思路

电池管理系统，是通过检测电池组中各个单体电池的状态，综合计算后判断整个电池系统的荷电状态 SOC 和健康状态 SOH，并根据它们的状态对动力电池系统进行对应的控制调整和策略实施，从而实现对动力电池系统及各单体电池的充放电管理，以保证动力电池系统安全稳定地运行。电池管理系统的基本功能可以分为检测、计算、管理和保护四个方面。具体来看，包括数据采集、状态监测、均衡控制、热管理、安全保护以及信息管理等功能。

【任务描述】

一辆比亚迪秦EV，客户拖车来店，反映踩住制动踏板，打开点火开关后，仪表能够正常亮起，但是车辆无法换入前进或后退挡。

【任务目标】

1. 能叙述新能源汽车动力电池系统的组成。
2. 能列举新能源汽车需要对动力电池进行管理的问题。
3. 能介绍新能源汽车电池管理系统的功能。
4. 能通过两会对新能源的热议了解中国动力电池的强链与创新。

【任务准备】

一、知识准备

1. 新能源汽车动力电池系统的组成。
2. 新能源汽车需要对动力电池进行管理的问题。
3. 新能源汽车电池管理系统的功能。

请把自己需要掌握的知识点和技能点填入下表。

|  |  |
|---|---|
| 知识点 | 1. |
|  | 2. |
|  | 3. |
| 技能点 | 1. |
|  | 2. |
|  | 3. |

## 二、工作场地

理实一体化教室

## 三、设备准备

新能源实训车辆

**【任务计划与实施】**

学生在教师的引导下分组,以小组为单位学习相关知识,并回答下列问题。

1. 新能源汽车动力电池系统的组成包括哪些内容?

2. 新能源汽车需要对动力电池进行管理的问题是什么?

3. 新能源汽车电池管理系统的功能有哪些?

4. 通过两会对新能源话题的热议，你对中国动力电池的强链与创新有哪些感悟？

【评价与反馈】

一、填空题

1. 电池管理系统简称_____，是 Battery Management System 的缩写。

2. 动力电池管理系统包括_____和_____。硬件分为_____和从控模块两大部分，主要由数据采集单元（采集模块）、中央处理单元（主控模块）、显示单元、均衡单元检测模块（电流传感器、电压传感器、温度传感器、漏电检测）以及控制部件（熔断装置和继电器）等组成。软件包括_____、实现控制策略的_____以及实现检测、运算和判断的应用程序。

3. BMS 采集电池单体的_____、_____，整个电池组的_____、_____。保证电池在安全范围内工作，注意电池的最大充放电电流以及单体最高和最低电压、温度等。

二、判断题

1. （　　）动力电池一般安装在新能源汽车的底盘上。

2. （　　）汽车动力电池采用大容量单体锂电池，容易出现过热的现象。

3. （　　）串联的电池组在充电或放电时，由于充电或放电时化学反应不一致，部分电池可能先于其他电池充满或放完。

4. （　　）SOC 代表着电池还有多少电量。

三、技能考核

实操演示

学生实践记录表

| 班级 |  | 车型及年款 |  | 配分 | 得分 |
|---|---|---|---|---|---|
| 姓名 |  | 学号 |  | 100 |  |
| 实践设备 |  |  |  | 5 |  |
| 资料查阅 |  |  |  | 10 |  |
| 实施流程 | 绘制新能源汽动力电池管理系统故障诊断思路导图。 |  |  | 30 |  |
|  | 对新能源汽车动力电池管理系统故障点进行检测。 |  |  | 30 |  |
| 归纳总结 |  |  |  | 15 |  |
| 6S整理：整理□ 整顿□ 清扫□ 清洁□ 素养□ 安全□ |  |  |  | 10 |  |
| 自我评价 | 良好□ 合格□ 不合格□ 分数_____ |  |  |  |  |
| 教师评价 | 良好□ 合格□ 不合格□ 分数_____ |  |  |  |  |

# 任务二 电机控制系统故障诊断与排除

## 知识学习

### 一、电机控制系统的组成

电机控制系统是电动汽车的心脏，它由驱动电动机、整车控制器、电机控制器、机械传动装置和冷却系统等组成。其任务是在驾驶员的控制下，高效率地将动力电池的电量转化为车轮的动能，或者将车轮的动能反馈到动力电池中。图3-2-1是电动机驱动系统的基本组成框图。

微课视频

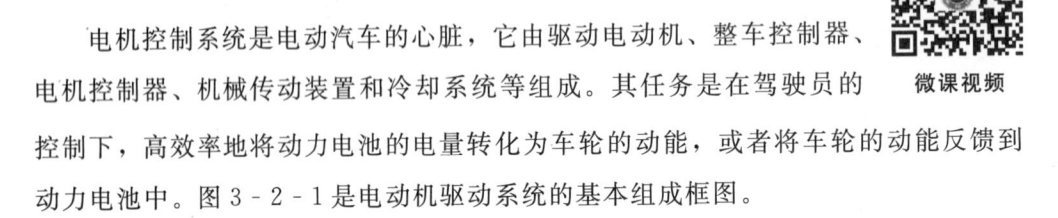

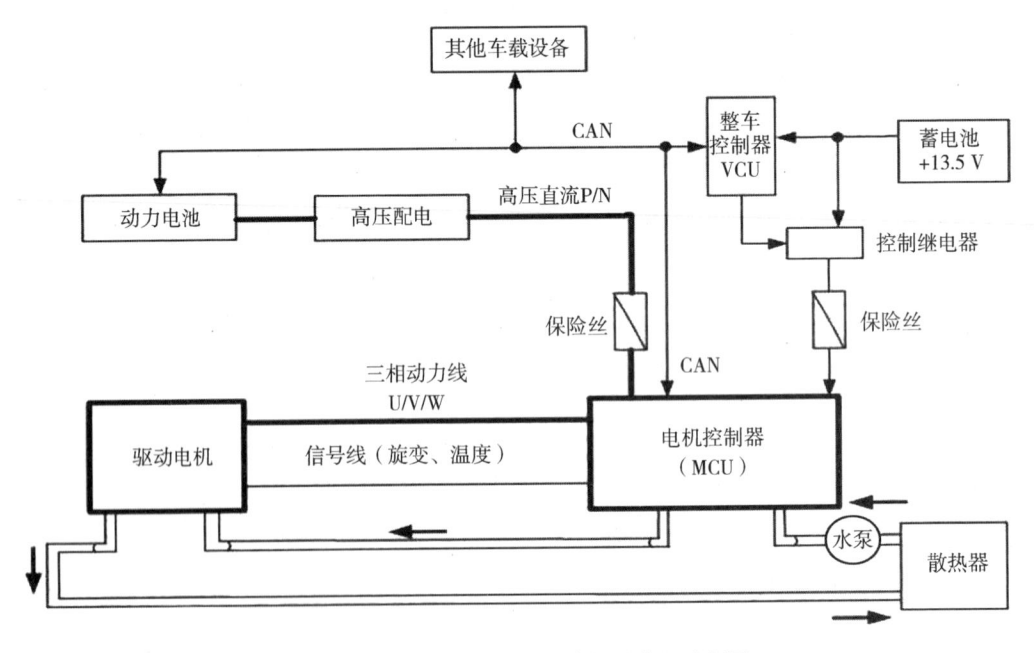

图 3-2-1 电动机驱动系统的基本组成框图

### 二、驱动电机

电动机根据电源的幅值和频率是否发生变化分为驱动电动机和控制电动机两种，驱动电动机是电源的特征（幅值和频率）不发生变化的电动机，工作机械特性只取决于负载阻力的大小。控制电动机的电源一定是直流电,经变频器控制后输出幅值和频率发生变化,工作机械特性不仅取决于负载阻力的大小,还取决于控制输出。汽车上的控制电动机应用有三处:一种是电动汽车或传统汽车采用的电动转向电动机,另一种是电动汽车驱动电动机,还有一种是空调驱动电动机。本项目主要讲的是电动汽车驱动电动机,比亚迪秦 EV 的驱动电动机如图 3-2-2 所示。

图 3-2-2 比亚迪秦 EV 的驱动电机

### 1. 电动汽车对电动机的要求

电动汽车在行驶过程中,经常频繁地启动/停车、加速/减速等,这就要求电动汽车中的电动机比一般工业用的电动机性能更高,基本要求如下。

(1) 电动机的运行特性要满足电动汽车的要求,恒转矩区,要求低速运行时具有大转矩,以满足电动汽车启动和爬坡的要求;恒功率区,要求低转矩时具有高的速度,以满足电动汽车在平坦的路面能够高速行驶的要求。

(2) 电动机应具有瞬时功率大、带负载启动性能好、过载能力强、加速性能好、使用寿命长的特点。

(3) 电动机应在整个运行范围内具有很高的效率,以提高充一次电的续驶里程。

(4) 电动机应能够在汽车减速时实现再生制动,将能量回收并反馈给蓄电池,使得电动汽车具有最佳的能量利用率。

(5) 电动机应可靠性好,能够在较恶劣的环境下长期工作。

(6) 电动机应体积小、质量轻。

(7) 电动机的结构要简单坚固，适合批量生产，便于使用和维护。

(8) 电动机的价格要便宜，从而降低电动汽车的整体价格，提高性价比。

(9) 电动机在运行时噪声要低，减少污染。

早期的电动汽车主要采用直流电动机系统，但直流电动机有机械换向装置，必须经常维护。随着电力电子技术的发展，交流调速逐渐取代直流调速。现代电动汽车常用的驱动电机有四种：直流电动机、异步电动机、永磁同步电动机和开关磁阻电动机，四种典型电动机的特性比较如下表3-2-1所示。电动汽车电动机中，永磁同步电动机因其效率高（在95%以上），大于感应电动机，是高、中、低档电动轿车中优先采用的电动机类型。

表3-2-1 四种典型电动机的特性比较

| 性能及类型 | 直流电动机 | 异步电动机 | 永磁同步电动机 | 开关磁阻电动机 |
|---|---|---|---|---|
| 转速范围/rpm | 4000~6000 | 12000~20000 | 4000~10000 | >15000 |
| 功率密度 | 低 | 中 | 高 | 较高 |
| 电动机重量 | 重 | 中 | 轻 | 轻 |
| 电动机体积 | 大 | 中 | 小 | 小 |
| 可靠性 | 一般 | 好 | 优良 | 好 |
| 结构坚固性 | 差 | 好 | 好 | 好 |
| 控制器成本 | 低 | 高 | 高 | 一般 |
| 车型 | 入门级电动车 | 主流车型 | 高端电动车 | 无应用 |
| 实例 | 江淮和悦 iEV | 荣威 550Plug-in 特斯拉 | 晨风 E6i3 滕势沃蓝达 | … |

**2. 永磁同步电动机的结构与特点**

永磁同步电动机分为正弦波驱动电流的永磁同步电动机和方波驱动电流的永磁同步电动机两种。下面介绍的主要是三相正弦波驱动的永磁同步电动机。

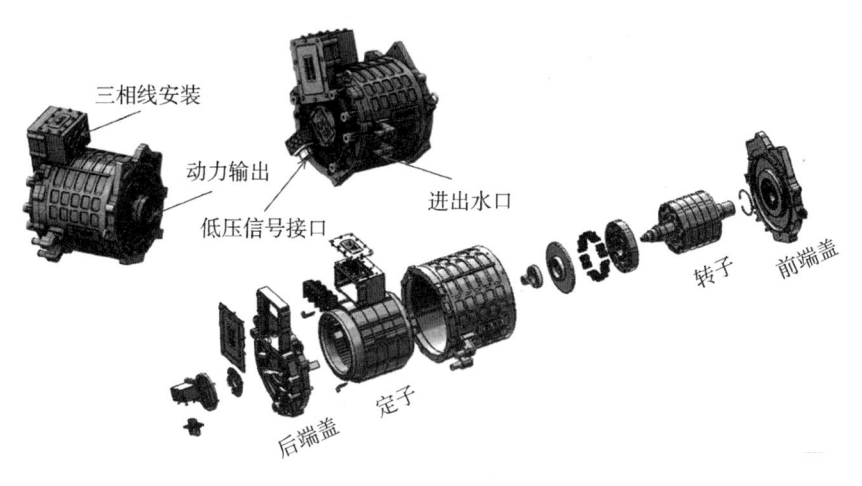

图 3-2-3 永磁同步电动机的结构示意图

永磁同步电动机的结构示意图如图 3-2-3 所示，和传统电动机一样，它主要由定子和转子两大部分构成。

定子与普通感应电动机基本相同，由电枢铁心和电枢绕组构成。电枢铁心一般采用 0.5 mm 硅钢冲片叠压而成，对于具有高效率指标或频率较高的电动机，为了降低消耗，我们可以考虑使用 0.35 mm 的低损耗冷轧无取向硅钢片。电枢绕组则普遍采用分布、短距绕组；对于极数较多的电动机，我们普遍采用分数槽绕组；需要进一步改善电动势波形时，我们也可以考虑采用正弦绕组或其他特殊绕组。

转子主要由永磁体、转子铁心和转轴等构成。其中永磁体主要采用铁氧体永磁和钕铁硼永磁材料；转子铁心可根据磁极结构的不同，选用实心钢、钢板、硅钢片冲制后叠压而成。

与普通电动机相比，永磁同步电动机还必须装有转子永磁体位置检测器，用来检测磁极位置，并以此对电枢电流进行控制，达到对永磁同步电动机驱动控制的目的。

## 三、整车控制器（VCU）

整车控制器相当于新能源汽车的"大脑"，也叫车辆 VCU，如图 3-2-4 所示，控制车辆的所有部件，其主要功能包括识别驾驶意图、判断控制模式、判别和处理整车故障、管理外围相连驱动模块、控制车辆辅助系统等。

图 3-2-4　整车控制器

## 四、电机控制器（MCU）

电机控制器如图 3-2-5 所示，是按驾驶人操纵变速杆、加速踏板和制动踏板等输入的前进、倒退、起步、加速、制动等信号，以及各种检测传感器反馈的信号，通过运算、逻辑判断、分析比较等适时向功率转换器发出相应的指令，使整个驱动系统有效运行的装置。

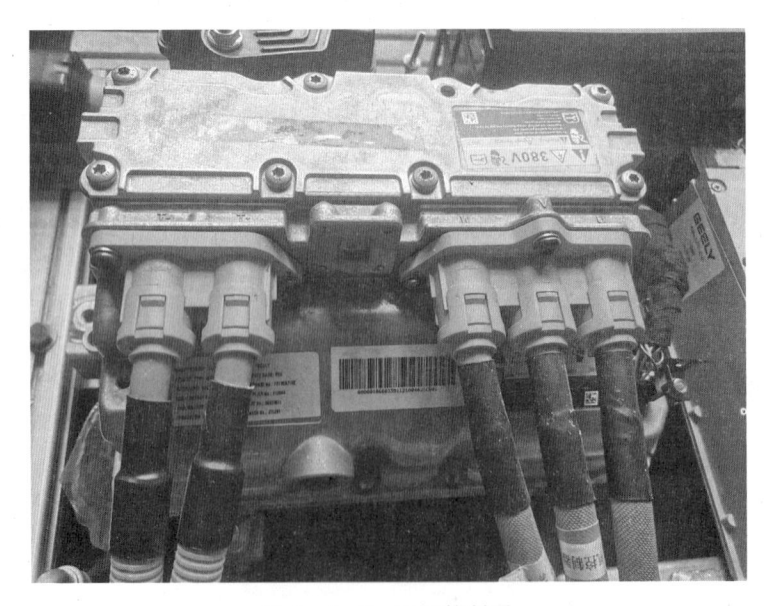

图 3-2-5　电机控制器

电机控制器的主要功能是接收整车控制器的指令，将动力电池的高压直流电压逆变为电压、频率、相序可调的三相交流电，实现对驱动电机的转速、转矩和旋转方向的控制。驱动电机控制器与驱动电机必须配套使用。

当电动汽车处于滑行制动和刹车制动时，电机控制器（MCU）转变为整流滤波器，其功能是将发电机输出的三相交流电压经过整流、滤波和升压后转变为高压直流电，将电能回馈给动力蓄电池实现能量回收。

电机控制器（MCU）的另一个功能是实时监测驱动电机运行状态，如温度、母线电流、三相交流电流、动力电池电压、高压线束的绝缘等，电机控制器（MCU）内含故障诊断电路。当诊断出异常时，它将会激活一个错误代码，通过CAN2.0网络发送给整车控制器，同时存储该故障码和数据。

### 五、机械传动装置

机械传动装置的主要功能是将驱动电机的转速降低、扭矩升高，以满足整车对驱动电机的扭矩、转速的需求。纯电动汽车的电动机本身具有较好的调速特性，其变速机构可被大大简化，仅采用一种固定速比的减速装置，省去了变速器、离合器等部件，如图3-2-6所示。

图3-2-6 新能源汽车机械传动装置

我国新能源汽车产业目前尚处于发展初期，市场上的纯电动汽车通常只配备单级减速器，不配备变速器。

## 六、驱动电机冷却系统

驱动电机冷却系统如图 3-2-7 所示，是使用电动水泵提高冷却液的压力，强制冷却液在电动水泵、驱动电机、电机控制器、散热器之间循环流动。换句话说，就是驱动电机系统采用强制循环式水冷却，由电动水泵提供循环动力。

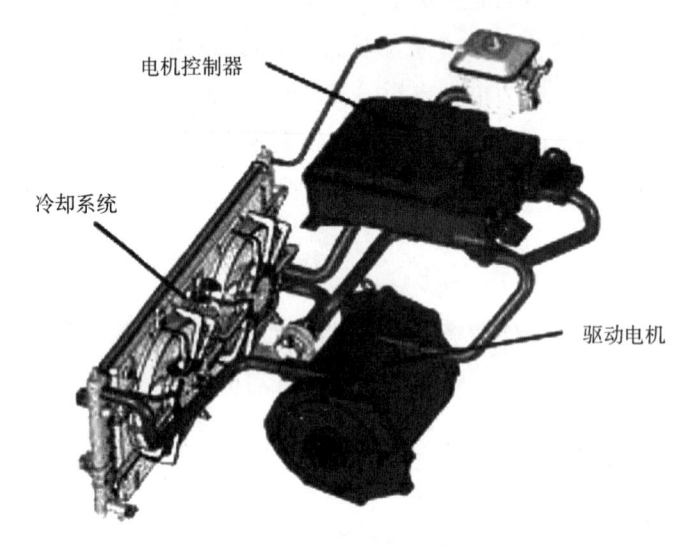

图 3-2-7 驱动电机冷却系统

电动水泵将储液罐中的冷却液泵入电机控制器，冷却液对电机控制器进行冷却后从出水口流入驱动电机外壳水套，吸收驱动电机的热量后冷却液随之升温，随后冷却液从驱动电机的出水口流出，经过冷却管路流入散热器，在散热器中，冷却液通过周围的空气散热而降温，最后冷却液经散热器出水软管返回电动水泵，往复循环，如图 3-2-8 所示。

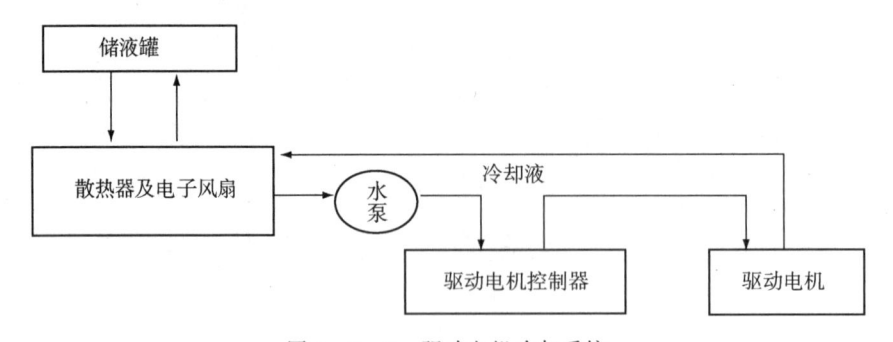

图 3-2-8 驱动电机冷却系统

## 七、电机控制系统故障诊断与排除

### (一) 故障现象

一辆秦 EV 纯电动汽车,车辆启动时,制动踏板可以正常下降,但是仪表上可运行指示灯不能正常亮起,也没有听到高压继电器吸合的声音,同时仪表上的主警告灯、EPS 系统警告灯点亮,仪表循环提示"请检查动力系统""EV 功能受限""请检查 ESP 系统"。

### (二) 故障分析

首先,确定故障原因。仪表盘能够点亮,这就证明防盗系统能够认证通过;但是高压系统无法上电,说明车辆在进行高压自检或者上电的过程中出现严重故障,从而没有启动或者终止了上电,说明动力系统存在故障,但是具体故障出现在哪里还没有办法精确定位。

因此,维修人员继续使用解码仪进行故障码的读取,经过读取发现,故障码显示故障原因是电机控制器通信故障。造成这种故障的原因有以下几点。

第一,电机控制器的供电线路故障。第二,电机控制器的动力总线故障。第三,电机控制器自身的故障。

### (三) 排故思路

根据故障分析,维修人员以先易后难的维修思路进行排故,并查询秦 EV 纯电动汽车维修手册。

首先,断开电机控制器连接插头 B30,检查电机控制器连接插头 B30 是否有裂痕和异常,针脚是否腐蚀、生锈。如果有的话清洁插头和针脚。

如果插头正常,接下来就要对它的接地线路进行检查。

这一步需要验证 B30 插头的 1、6、8 号针脚与车身接地之间的导线是否导通,如果不导通,就维修这两根接地线。

如果接地线路正常,就继续对它的供电线进行检查。

这一步需要验证 B30 插头的 10、11 号端子是否有电源电压。如果没有电源电压,就要进一步检查 F1/34 保险丝的好坏,如果保险丝损坏就对其进行更换,如果保险丝正常,就对保险丝两侧的线路进行排查,检查其通断性,并对损坏的线路进行更换。由于车身控制模块 BCM 并没有故障现象,因此,不考虑共用继电器 IG3 的损坏。

如果供电线路正常,接下来我们对它的 CAN 线进行检查。

这一步需要使用万用表对 CAH-H、CAN-L 线路的导通、对地断路、对正断

新能源汽车综合故障诊断

路、互短等情况进行检查，并根据不同的 CAN 线波形进行相应维修。

如果 CAN 线正常，就需要更换驱动电机控制器。

### 拓展知识

#### "中国心"——依靠稀土研制出领先全球的永磁电机

如今，随着社会的发展，新能源的开发逐渐成了许多国家十分重视的项目，汽车作为人们出行必备的交通工具，也逐渐开始使用新能源去驱动。

知识拓展

图 3-2-8  "中国心"动力日

作为世界上最大的新能源汽车市场，我国在新能源汽车领域，可谓有着巨大的发展优势，国内涌现出许多新能源汽车厂家。在"驱动电机"生产方面，我国遥遥领先于其他国家。

"驱动电机"相当于汽车的心脏，一旦没有它的存在，汽车就是一堆废铁。如今的新能源汽车所使用的驱动电机一般就两种，一种是永磁同步电机，另一种是感应交流异步电机。

在新能源汽车市场上，许多厂商使用的都是永磁同步电机，它到底有什么优势呢？

首先，永磁电机不需要供电就可以产生磁场，对用电的要求很低，永磁电机会使电池的续航时间变得更长。虽然会使用大量的磁铁，成本较高，但这个成本相较于电池而言，根本就是九牛一毛。

如今，中国已经能够自主研发并批量生产永磁同步电机，这个成就是遥遥领先于其他国家的。在新能源汽车领域中，我们受到了许多国家和企业的青睐。

随着社会的发展，我们逐渐凭借着在稀土领域的巨大优势，将永磁电机的技术推向一个全新的高度，前不久还推出了世界一流的永磁电机。许多国外的企业纷纷选择投入永磁同步电机的怀抱，安上了一颗"中国心"，因为只有这样做，才能保证自己不会被市场所抛弃。

近几年，中国所取得的优势不仅仅是在永磁材料方面，比如在扁线电机技术方面，中国不仅提高了电机的功率密度，更缩小了电机的体积，用实际行动推进了电机轻量化发展的进程。

除此之外，像完善的驱动电机零部件供应、世界顶尖的电机集成技术，也都让中国在全球驱动电机市场中获得了举足轻重的地位。

由此我们不难看出，中国在新能源汽车领域已经处于遥遥领先的地位，而且会变得越来越强。

## 实训任务

**【任务导入】**

驱动电机控制系统是新能源汽车控制系统的一个组成部分，通过高低压线束与整车其他系统连接。驱动电机系统是纯电动汽车三大核心部件之一，是车辆行驶的主要执行"机构"，其特性决定了车辆的主要性能指标，直接影响车辆动力性能和用户的驾乘感受。

排故思路

在驱动电机系统中，驱动电机的输出动作主要是执行控制单元给出的命令，即控制器输出命令。整车控制器（VCU）根据驾驶员意图发出各种指令，电机控制器响应并反馈，实时调整驱动电机输出，以实现整车的怠速、前行、倒车、停车、能量回收以及驻坡等功能。

**【任务描述】**

一辆比亚迪秦 EV，客户来店，反映车辆启动时制动踏板可以正常下降，但是仪表循环提示"请检查动力系统""EV 功能受限""请检查 ESP 系统"等字样。

**【任务目标】**

1. 能叙述新能源汽车电机控制系统包括哪些组成部分。
2. 能通过实车列举电动汽车对驱动电机的要求。
3. 能介绍驱动电机控制器的主要功能。
4. 能介绍"中国心"——永磁电机的发展及世界地位。

## 【任务准备】

### 一、知识准备

1. 新能源汽车电机控制系统的组成。
2. 电动汽车对驱动电机的要求。
3. 驱动电机控制器的主要功能。

请把自己需要掌握的知识点和技能点填入下表。

|  |  |
|---|---|
| 知识点 | 1. |
|  | 2. |
|  | 3. |
| 技能点 | 1. |
|  | 2. |
|  | 3. |

### 二、工作场地

理实一体化教室

### 三、设备准备

新能源实训车辆

## 【任务计划与实施】

学生在教师的引导下分组,以小组为单位学习相关知识,并回答下列问题。

1. 新能源汽车电机控制系统包括哪些组成部分?

2. 电动汽车对驱动电机的要求是什么？

3. 驱动电机控制器的主要功能是什么？

4. 你对"中国心"——永磁电机的发展及世界地位有什么感悟？

【评价与反馈】

一、填空题

1. 电机控制系统是电动汽车的_____，它由_____、_____、_____、_____和冷却系统等组成。

2. 现代电动汽车常用的驱动电机有 4 种：_____、_____、永磁同步电动机和_____。

3. 整车控制器也叫车辆_____。

二、判断题

1.（　　）我国新能源汽车市场上的纯电动汽车通常只配备单级减速器，不配备变速器。

2.（　　）驱动电机控制器与驱动电机必须配套使用。

3.（　　）永磁同步电动机只有中国能制造。

4.（　　）新能源汽车上的电动机应具有瞬时功率大、带负载启动性能好、过载能力强、加速性能好、使用寿命长的特点。

### 三、技能考核

#### 学生实践记录表

| 班级 | | 车型及年款 | | 配分 | 得分 |
|---|---|---|---|---|---|
| 姓名 | | 学号 | | 100 | |
| 实践设备 | | | | 5 | |
| 资料查阅 | | | | 10 | |
| 实施流程 | 绘制新能源汽车低压蓄电池故障诊断思路导图。 | | | 30 | |
| | 对新能源汽车低压蓄电池故障点进行检测。 | | | 30 | |
| 归纳总结 | | | | 15 | |
| 6S 整理：整理□ 整顿□ 清扫□ 清洁□ 素养□ 安全□ | | | | 10 | |
| 自我评价 | 良好□ 合格□ 不合格□ 分数_____ | | | | |
| 教师评价 | 良好□ 合格□ 不合格□ 分数_____ | | | | |

项目三 控制系统故障诊断与排除

# 任务三 整车控制系统故障诊断与排除

## 知识学习

### 一、整车控制系统（VMS）组成

整车控制系统（VMS）是电动汽车的神经中枢，承担了各系统的数据交换、信息传递、动力电池能量管理、驾驶人意图解析、安全监控、故障诊断等作用，对电动汽车动力性、经济性、安全性和舒适性等有很大的影响。整车控制系统分为三大子系统，包括低压电气控制系统、高压电气控制系统、整车网络化控制系统，如图 3-3-1 所示。

微课视频

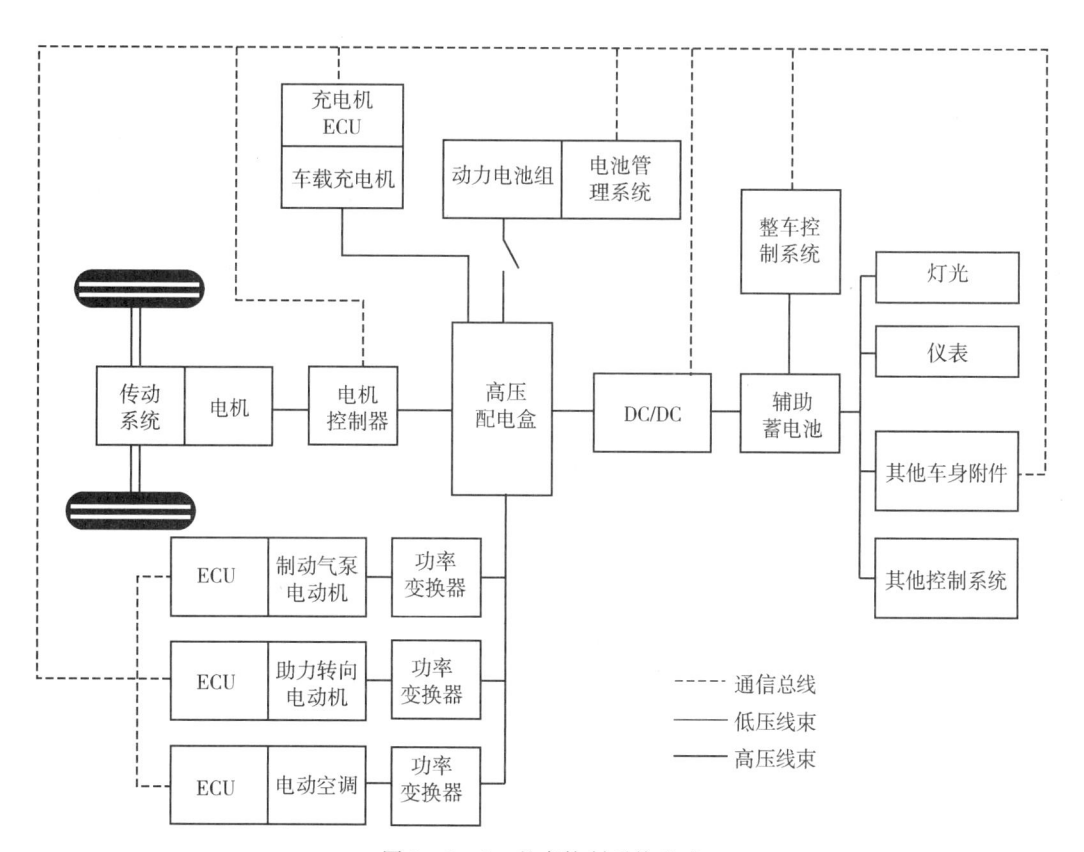

图 3-3-1 整车控制系统组成

103

## 二、低压电气控制系统

低压电气控制系统主要由 14V 低压蓄电池、低压线路、点火开关、继电器、电动水泵、电动制动真空泵、电动助力转向器、组合仪表（ICM）等组成。作用是为各电子控制单元、各高压部件控制器、各低压电动辅助设备供电。

图 3-3-2　低压电动辅助设备

## 三、高压电气控制系统

高压电气控制系统主要由动力电池、驱动电机、MCU（驱动电机控制器）、OBC（车载充电机）、DC/DC 变换器、空调压缩机、压缩机控制器、PTC、PTC 控制器等组成。作用是将电能转换成机械能，或者整流、逆变、直流电压变换。

## 四、整车网络化控制系统

整车网络化控制系统主要由 VCU（整车控制单元）、BMS（电池管理系统）、RMS（远程通信终端）、网关、CAN 总线等组成。作用是控制低压电气系统和高压电气系统。

VCU 是整车控制系统的核心部件。VCU 接收加速踏板、制动踏板、车速和剩余电量等信息，通过网络综合控制驱动车辆相应的工作部件，属于整个车辆的管理协调型控制部件。VCU 可以对整车控制模式进行判断和控制，通过各种状态信息（启动钥匙、充电信号、加速/制动踏板位置、当前车速和整车是否有故障信息等）来判断当前需要的整车工作模式（充电模式和行驶模式）。然后根据当前的参数和状态及前一段时间的参数及状态，算出当前车辆的扭矩能力，按当前车辆需要的扭矩，计算出合理的最终实际输出的扭矩。例如，当驾驶员踩下加速踏板时，整车控制器向电机控制单元发送电机输出扭矩信号，电机控制系统控制电机按照驾驶员的意图输出扭矩。

VCU 可以对整车进行能量优化管理。纯电动汽车有很多用电设备，包括电机和空调设备等。整车控制器可以对能量进行合理优化来提高纯电动汽车的续驶里程。例如：当动力电池组电量较低时，整车控制器发送控制指令关闭部分起辅助作用的电气设备，让电能优先保证车辆的安全行驶。

VCU 是整车网络管理信息控制的中心，负责信息的组织与传输、网络状态的监控、网络节点的管理、信息优先权的动态分配，以及网络故障的诊断与处理。通过 CAN（EVBUS）线协调电池管理系统、电机控制器、空调系统等模块相互通信。

VCU 可以对车辆的制动能量回馈进行控制。整车控制器根据行驶速度、驾驶员制动意图和动力电池组状态（如电池荷电状态 SOC 值）进行综合判断后，对制动能量回馈进行控制。如果达到回收制动能量的条件，整车控制器向电机控制单元发送控制指令，使电机处在发电状态，将部分制动能量储存在动力电池组中，提高车辆能量利用效率。

VCU 可以进行车辆的故障诊断和处理。VCU 连续监视整车电控系统，进行故障诊断，并及时进行相应安全保护处理。根据传感器的输入及其他通过 CAN 总线通信得到的电机、电池、充电机等的信息，对各种故障进行判断、等级分类、报警显示，还可以存储故障码，供维修人员维修时查看。故障指示灯指示出故障类型和部分故障码。

VCU 可以进行车辆的状态监测和显示。整车控制器应该对车辆的状态进行实时检测，并且将各个子系统的信息发送给车载信息显示系统。这个过程是通过传感器和 CAN 总线检测车辆状态、动力系统及相关电器附件相关各子系统状态信息驱动显示仪表，将状态信息和故障诊断信息通过数字仪表显示出来。显示内容包括：车速、里程、电机的转速、温度、电池的电量、电压、电流、故障信息等。

不同车型对 VCU 设计的工作任务略有不同，我们对 VCU 的一般功能进行细分，具体化分情况如表 3-3-1 所示。

表 3-3-1　VCU 的功能

| 序号 | 功能 | |
|---|---|---|
| 1 | 驾驶人意图解释 | 驱动控制 |
| 2 | 换挡控制 | |
| 3 | 驱动控制 | |
| 4 | 制动能量回馈控制 | |
| 5 | 防溜车控制 | |
| 6 | 充电过程控制 | 电能控制 |
| 7 | 智能充电控制和电池均衡 | |
| 8 | 高压上下电控制 | |
| 9 | 整车能量优化管理 | |
| 10 | 电动化辅助系统管理 | |
| 11 | 车辆状态的实时监测和显示 | 网络控制 |
| 12 | 故障诊断与处理 | |
| 13 | CAN 网络管理 | |
| 14 | CCP 在线匹配标定 | |
| 15 | 远程查询 | |
| 16 | 远程控制 | |

## 五、整车控制系统故障诊断与处理

### （一）故障现象

车辆启动后，仪表盘正常点亮，但是"OK"指示灯不亮，且仪表盘上的动力系统警告灯、EPS 系统警告灯、驻车故障警告灯点亮，仪表中循环提示"请检查动力系统""请检查 ESP 系统""请检查电机驻车系统"。同时动力电池主正、主负继电器无声响，高压不能正常上电，制动踏板高度也没有变化。不能听见前机舱真空泵运转声，车辆无法切换挡位。按压电子驻车按键，可以手动解除和启动电子驻车功能。

### （二）故障分析

结合真空泵不运转、高压电不能上电等故障现象，以及动力电池蓄电池故障指示灯未点亮，我们可以将故障定位在 VCU 上，可能的原因有 VCU 电源故障、VCU 通信线故障及 VCU 自身故障。

### (三)排故思路

首先,断开 VCU 连接插头 GK49,检查 VCU 连接插头 GK49 是否有裂痕和异常,针脚是否腐蚀、生锈,如果有就清洁插头和针脚。

如果插头正常,接下来就要对它的接地线路进行检查。

这一步需要验证 GK49 插头的 5 号和 7 号针脚与车身接地之间的导线是否导通,如果不导通,就维修这两根接地线。

如果接地线路正常,就继续对它的供电线进行检查。

这一步需要验证 GK49 插头的 1、3 号端子是否有电源电压。如果没有电源电压,就要进一步检查 F1/12 保险丝的好坏,如果保险丝损坏就对其进行更换,如果保险丝正常,就对保险丝两侧的线路进行排查,检查其通断性,并对损坏的线路进行更换。由于蓄电池故障指示灯未点亮,我们不考虑共用继电器 IG3 的损坏。

如果供电线路正常,接下来我们对它的 CAN 线进行检查。

这一步需要使用万用表对 CAH-H 和 CAN-L 线路的导通、对地断路、对正断路、互短等情况进行检查,并根据不同的 CAN 线波形进行相应维修。

如果 CAN 线正常,我们就需要更换整车控制器。

## 拓展知识

**中国人自己的车身控制技术——比亚迪"云辇"**

云辇的推出是比亚迪持续进行技术研发和积累的一个必然结果。如今,汽车的电动化和智能化带来了整车架构的巨大变革,电信号控制替代机械控制,配合更多感知元件,不仅让整车的精度和效率显著提升,也让感知更加多元,其中包含整车的垂直方向控制。

知识拓展

图 3-3-3 云辇-P 智能液压车身控制系统

为了打造云辇智能车身控制系统，比亚迪历时 5 年耗资数十亿元，从系统设计、关键零部件设计、软件及策略算法开发、匹配验证等方面实现了全栈自研。由于整个行业在垂直方向控制领域的研发空缺，比亚迪自主研发云辇验证技术，针对零部件、软件和系统安全自主建立了约 58 项技术标准，实车耐久验证历经约 30 个月和超过 1000 万千米的验证，满足在高温、高寒、高湿、高腐蚀性等极端严苛环境下使用。

云辇作为行业内首个新能源专属智能车身控制系统，使比亚迪成了首家掌握新能源智能车身控制系统的整车企业，不仅填补了国内的技术空白，更使中国人有了自己的车身控制系统。

## 实训任务

**【任务导入】**

VCU 连续监视整车电控系统，根据传感器的输入及其他通过 CAN 总线通信得到的电机、电池、充电机等信息，对各种故障进行判断、等级分类、报警显示、存储故障码，供维修时查看。故障处理方式分为：上报不处理、限功率、待机、禁止高压上电、禁止充电、禁止行车制动能量回收、立即高压下电。故障指示灯指示出故障类别和部分故障码，VCU 将故障分为三级并进行处理。

排故思路

**【任务描述】**

今天店里来了一辆比亚迪秦 EV 故障车，故障现象是车辆启动后仪表盘正常点亮，但是"OK"指示灯不亮，且仪表盘上的动力系统警告灯、EPS 系统警告灯、驻车故障警告灯点亮，仪表中循环提示"请检查动力系统""请检查 ESP 系统""请检查电机驻车系统"，车辆也无法切换挡位。

**【任务目标】**

1. 能叙述新能源汽车整车控制系统（VMS）包括哪些内容。
2. 能通过实车列举新能源汽车低压电气子系统包括哪些内容。
3. 能通过实车列举新能源汽车 VCU 的功能包括哪些内容。

**【任务准备】**

### 一、知识准备

1. 新能源汽车整车控制系统（VMS）的组成。
2. 新能源汽车低压电气控制系统的组成。
3. 新能源汽车 VCU 的功能。

请把自己需要掌握的知识点和技能点填入下表。

| | |
|---|---|
| 知识点 | 1. |
| | 2. |
| | 3. |
| 技能点 | 1. |
| | 2. |
| | 3. |

## 二、工作场地

理实一体化教室

## 三、设备准备

新能源实训车辆

**【任务计划与实施】**

学生在教师的引导下分组，以小组为单位学习相关知识，并回答下列问题。

1. 新能源汽车整车控制系统（VMS）包括哪些内容？

2. 新能源汽车低压电气控制系统包括哪些内容？

3. 新能源汽车 VCU 的功能有哪些？

4. 比亚迪"云辇"的推出有什么意义？

【评价与反馈】

一、填空题

1. 整车控制系统（VMS）是电动汽车的神经中枢，承担了各系统的_____、_____、_____、_____、安全监控、_____等作用，对电动汽车_____、_____、安全性和_____等有很大的影响。

2. 整车控制系统分为三大子系统，包括_____、_____、整车网络化控制系统。

3. 整车网络化控制系统主要由_____、_____、RMS（远程通信终端）、_____、_____等组成。

二、判断题

1.（　） 高压电气系统的作用是将电能转换成机械能，或者整流、逆变、直流电压变换。

2.（　） VCU 可以对整车进行能量优化管理。

3.（　） VCU 可以对车辆的制动能量回馈进行控制。

4.（　） VCU 可以进行车辆的故障诊断和处理。

三、技能考核

实操演示

学生实践记录表

| 班级 | | 车型及年款 | | 配分 | 得分 |
|---|---|---|---|---|---|
| 姓名 | | 学号 | | 100 | |
| 实践设备 | | | | 5 | |
| 资料查阅 | | | | 10 | |
| 实施流程 | 绘制新能源汽车低压蓄电池故障诊断思路导图。 | | | 30 | |
| | 对新能源汽车低压蓄电池故障点进行检测。 | | | 30 | |
| 归纳总结 | | | | 15 | |
| | 6S整理：整理□ 整顿□ 清扫□ 清洁□ 素养□ 安全□ | | | 10 | |
| 自我评价 | 良好□ 合格□ 不合格□ 分数_____ | | | | |
| 教师评价 | 良好□ 合格□ 不合格□ 分数_____ | | | | |

# 项目四　充电系统故障诊断与排除

## 任务一　交流充电系统低压故障诊断与排除

### 知识学习

#### 一、交流充电系统组成

新能源汽车的充电方式主要有两种，一种是直流充电，也称为快充，另一种是交流充电，也称为慢充，直流充电口和交流充电口一般在实车的位置，如图4-1-1所示。

微课视频

①-车载充电机　②-驱动电机控制器　③-交流充电口　④-直流充电口
⑤-交流充电接口与应急解锁

图4-1-1　直流充电口和交流充电口位置

新能源汽车不论是在加油站还是在小区的充电桩，采用的充电方式大多数都是交流充电。因为交流充电比直流充电更安全，电池使用寿命更长。

交流充电系统的组成主要包括充电桩、交流充电连接线束、动力电池及车载充电机等，如图4-1-2所示。

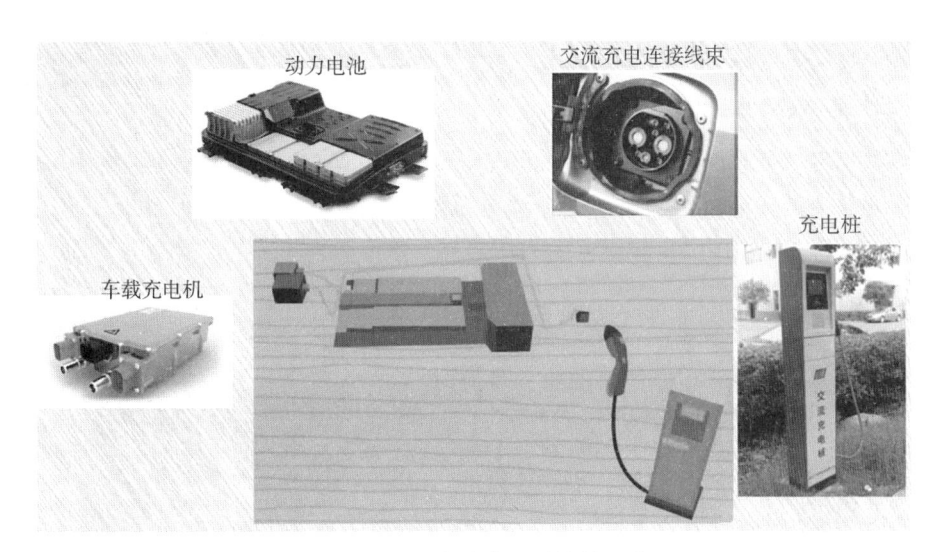

图4-1-2 交流充电系统的组成

### （一）交流充电连接线束

交流充电连接线束主要包括安装在充电桩上的交流充电枪和安装在车辆上的交流充电插座及两者的连接线束。交流充电枪和交流充电插座上都有7个端子，如图4-1-3所示。

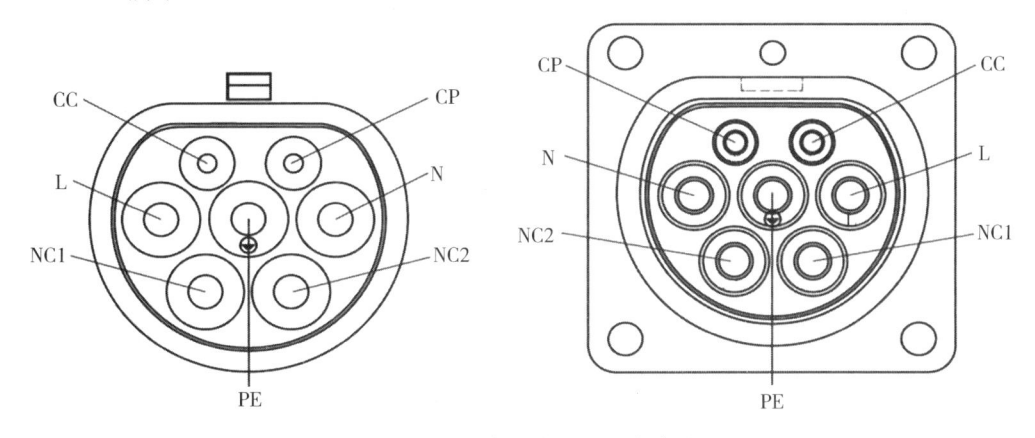

图4-1-3 交流充电口7个端子

CC：充电枪连接确认。我们可以通过对连接电路（接地）的检查来确定CC能否接通，如果检查到接地即认为CC已接通。

CP：充电控制确认。充电枪连接好后，通过CP检测线传来的信息，我们即可确定该充电机所允许的最大 AC 输入电压。

PE：接地点。

L：交流充电输入。

N：通信线交流充电输入。

### (二) 车载充电机

车载充电机又称交流充电机，如图 4-1-4 所示，主要负责将 220 V 交流电转换为动力电池的直流电，实现动力电池电量的补给。车载充电机相对于传统工业电源具有效率高、体积小、耐受恶劣工作环境等特点。它在工作过程中需要协调充电桩 BMS 等部件。

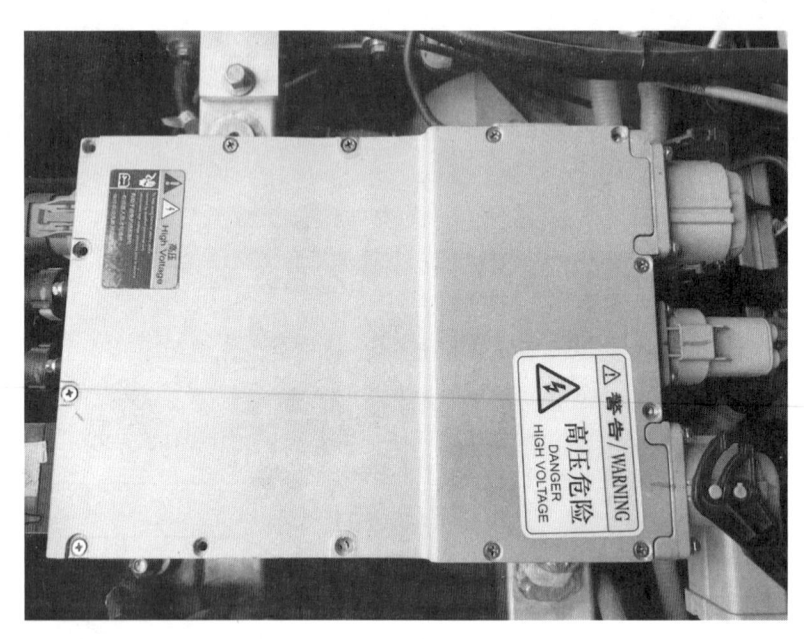

图 4-1-4 车载充电机

## 二、交流充电系统工作原理

### (一) 电动汽车交流充电系统工作原理

电动汽车交流充电系统原理如图 4-1-5 所示，包括车辆与充电枪连接、车辆与充电装置确认充电、车辆开始充电及车辆解除充电四个步骤。

**1. 车辆与充电枪连接**

车辆与充电枪连接时，充电枪中的电阻 $R_c$ 通过接口 CC 与接口 PE 连接到电路中，车辆控制装置（集成在车载充电机或其他车载控制单元中）通过测量检测点 3

与接口 PE 之间的电阻大小，判断充电枪是否已经与车辆插座连接。当连接完成后，车辆控制装置通过 CAN 网络向组合仪表发出连接完成信号，组合仪表上的充电指示灯点亮。

**2. 车辆与充电装置确认充电**

充电枪与车辆连接完成后，供电控制装置与开关 $S_1$、电阻 $R_1$、电阻 $R_3$ 及车身搭铁之间形成回路。通过检测点 1 的 12 V 电压经 $R_3$ 分压成 9 V 电压，电动汽车交流充电装置测量到检测点 1 的电压变化后，控制开关 $S_1$ 接通到 PWM 端。供电控制装置通过接口 CP 给车辆控制装置提供一个 ±12 V 的方波脉冲控制信号。充电时，车载充电机将通过测量传递到车辆控制装置的方波脉冲信号来监控车辆的充电状态，确保充电过程安全。

**3. 车辆开始充电**

车辆与充电枪连接完成、车辆与充电装置确认充电后，还需开关 $S_2$ 闭合才可以开始充电。开关 $S_2$ 是车辆内部开关，受车辆控制装置控制，只有在充电枪与车辆完全连接，充电枪接口电子锁完全锁止且车载充电机、BMS、DC/DC 等高压控制单元完成自检，确认没有故障后，车辆控制单元才会控制开关 $S_2$ 闭合。开关 $S_2$ 闭合后，电阻 $R_2$ 与电阻 $R_3$ 并联，检测点 1 处的电压由 9 V 变成 6 V，电动汽车交流充电装置测量到检测点 1 的电压变化后，控制接触器 K1 与接触器 K2 闭合，此时车载充电机接通 220 V 交流电，220 V 交流电经车载充电机升压整流后给高压动力电池充电。BMS 实时监控车辆在充电过程中高压动力电池电压及高压动力电池温度等数据（单节电池电压为 3.6 V～3.7 V，单节电池的电压差小于 0.5 V；单节电池温度为 0 ℃～50 ℃，单节电池温度差小于 15 ℃），要确保充电过程安全，如果发现故障，应立即停止充电。

**4. 车辆解除充电**

解除充电可分为未充电完成直接将充电枪与车辆脱开及充电完成后车辆交流充电装置自动断开两种。若未充电完成直接将充电枪与车辆脱开，此时需要按下充电枪上的下压按钮（用以触发机械锁装置），此时开关 $S_3$ 断开（解除充电开关为关闭状态，与充电枪上的下压按钮联动），充电将停止并解除充电枪接口的电子锁；若充电完成，车辆交流充电装置自动断开，BMS 通过 CAN 网络与车辆控制装置通信，开关 $S_2$ 断开，此时检测点 1 的电压由 6 V 变成 9 V，电动汽车交流充电装置测量到检测点 1 的电压变化后，控制接触器 K1 与接触器 K2 断开，此时充电将停止并解除充电枪接口的电子锁。

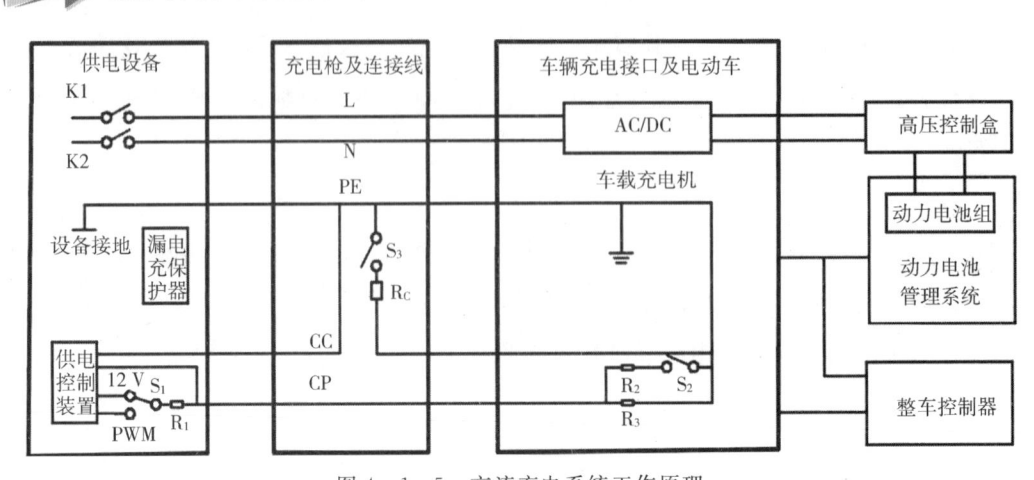

图 4-1-5 交流充电系统工作原理

### (二) 交流充电口低压接插件引脚定义

交流充电口引脚定义如下。

| 引脚号 | 端口定义 | 对接端 | 稳态工作电流 | 冲击电流和堵转电流 | 电源性质 | 备注 |
|---|---|---|---|---|---|---|
| 1 | CP | 高压电控总成 B28（B）-1 | | | +12 V/PWM | |
| 2 | CC | 高压电控总成 B28（B）-7 | | | 电压 | |
| 3 | 闭锁电源 | BCM-Q 口 G2Q78 | | | | |
| 4 | 开锁电源 | BCM-Q 口 G2Q-8 | 1.5 A（140 ms） | | | |
| 5 | 闭锁状态检测 | BCM-Q 口 G2Q-8 | 1.5 A（140 ms） | | | |
| 6 | （空） | | | | | |
| 7 | 温度传感器高 | 高压电控总成 B28（B）-20 | | | | |
| 8 | 温度传感器低 | 车身地 | | | | |
| 9 | （空） | | | | | |
| 10 | （空） | | | | | |
| 11 | （空） | | | | | |
| 12 | （空） | | | | | |

## 三、交流充电过程

### (一) 交流充电过程

**1. 打开充电口**

关闭车辆电源,打开车辆交流充电口。

图 4-1-6　车辆交流充电口

**2. 充电连接**

按下枪头限位夹,将枪从桩体拔出,取下充电电缆至合适长度,将枪插入充电口内,确保可靠连接,此时仪表板充电连接指示灯应亮起。

图 4-1-7　充电连接

### 3. 用户验证

刷卡完成用户验证，用户从三种不同的充电收费方式中选择一种进行充电，即按充电金额充电、按充电度数充电、按充电时间充电。选择完成后，启动充电。此时车内组合仪表显示充电进度信息。

图4-1-8 刷卡完成用户验证

### 4. 充电结算

充电结束刷卡结算。按下枪头限位夹，拔下充电枪，收回线缆，将枪头放回原处，关闭充电口。

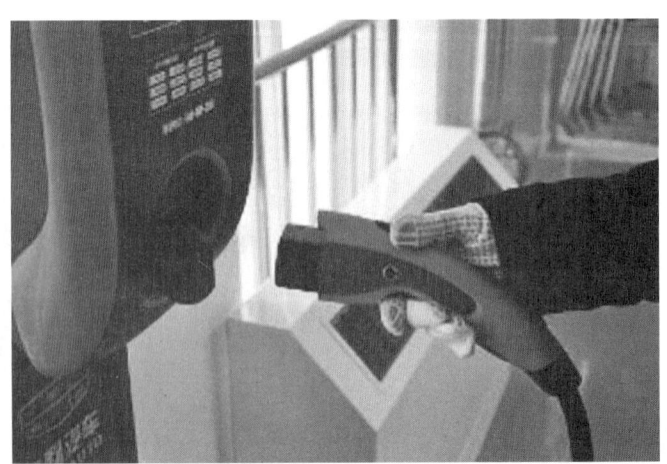

图4-1-9 充电结束刷卡结算

## 5. 交付费用

充电费用常包含电费和服务费两部分，充电桩所有者不同，收费也有差异。现在多数充电桩都可以使用微信或者支付宝扫码结算，免去了使用不同公司电桩需要购买多张充电卡的麻烦。

图 4-1-10 充电注意事项

### （二）充电注意事项

在充电过程中，充电桩提供的电压高达数百伏，要特别注意，注意事项如下：

（1）出现危险状况时，应立即按下红色"急停"按钮以切断电源。

（2）充电过程中，严禁插拔充电插头。

（3）严禁触碰高压部分，特别是充电插头端子。

（4）雷电雨雪等恶劣天气条件下，如果没有保护设备，为保证设备不受损和人员安全，建议停止充电操作。

（5）充电过程中，严禁未成年人接触和操作充电设备。

### （三）组合仪表充电状态介绍

车辆进入充电状态后，组合仪表的行车电脑显示屏自动点亮，显示当前的充电信息，10秒后屏幕熄灭，若需要再次查看充电信息，可通过以下方式点亮正处于充电状态的车辆组合仪表。

（1）通过按下按钮 B 可以再次点亮液晶屏，显示充电信息，10 秒后熄灭。

（2）按下遥控器的闭锁键远程操控点亮行车电脑显示屏，10 秒后自动熄灭。

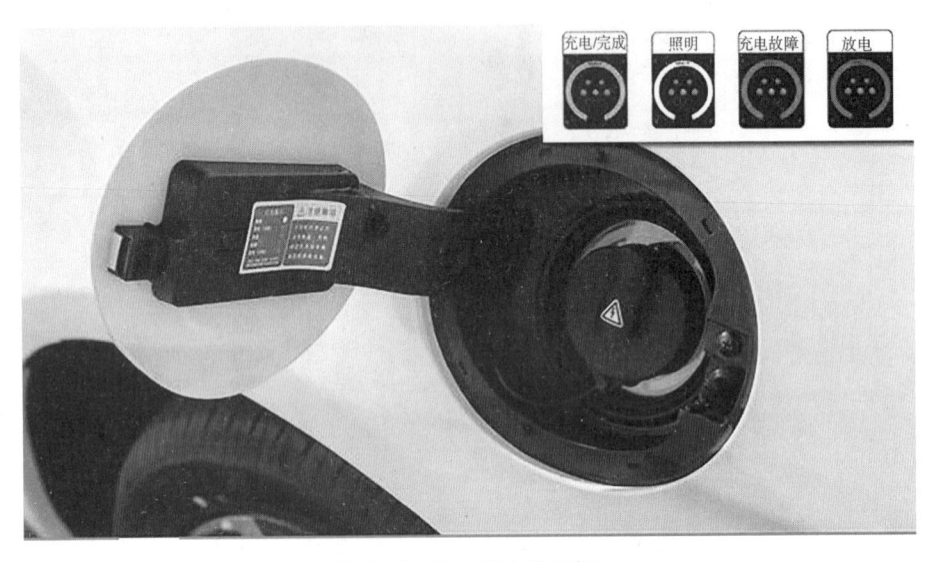

充电指示灯如图 4-1-11 所示。

图 4-1-11 充电指示灯

## 四、交流充电系统低压故障诊断与排除

（一）交流充电系统无法充电的原因

1. 交流充电口故障

2. 高压电控总成故障

3. 电池管理器故障

4. 线束故障

（二）故障诊断及排除

案例 1：交流充电插座温度传感器信号故障诊断与排除。

温度传感器信号的主要作用是监测交流充电插座的温度，以保证整个充电过程安全。高压充配电总成通过监测传感器端子的电压变化来识别交流充电插座的温度。正常情况下，电压一般在 0.5—3.5 V 之间，并随温度升高而减小。如果温度传感器信号出现异常，就会造成慢充系统在使用大功率供电设备时启动保护功能，即无法启动满负荷充电功能，使充电时间增加或不能充电。

**1. 故障现象**

一辆比亚迪秦纯电动汽车，将交流充电枪与充电口连接，释放充电枪锁止开关，此时动力电池包内接触器发出正常的上电"咔嗒"声，充电枪锁止正常，车辆充电正常。观察仪表，有充电功率和充电时间显示。等待5分钟后，充电枪跳开，充电结束。

**2. 故障现象分析**

针对这一故障现象，我们首先来分析可能存在的故障原因。仪表显示充电功率和充电时间，但5分钟后充电结束，说明车辆在充电过程中系统启动故障保护功能，限制充电功能，再结合车辆充电控制逻辑分析，故障可能为充电温度异常。

**3. 故障诊断过程**

（1）读取故障码。

连接故障诊断仪，读取车辆故障码，故障码显示充电口温度采样异常。

（2）读取诊断数据流。

结合数据流显示的信息，充电口温度为－40 ℃，明显异常，说明交流充电口温度传感器信号存在故障。

（3）检测过程。

在确认交流充电插座温度传感器信号异常后，我们首先要测量的就是高压充配电总成 BK46/7 端子对地电压，如果测得结果为 0.5—3.5 V 之间的数值，也不能判定没有故障，因为温度传感器线路及传感器自身阻值出现异常，也会导致传感器电压在正常范围内，但并不能反映其真实温度，所以要对温度信号进行电压—温度相对关系论证。

如果电压为 0 V，说明信号线对地可能存在短路，需要进一步测量线路对地电阻，也有可能是高压充配电总成未输出参考电压，必要时需要更换高压充配电总成。

如果测得电压高于 3.5 V，可能是信号线路对电源短路或虚接，需要测量信号线路对地电压。也有可能是测试点到传感器搭铁之间线路存在断路，这就需要对线路进行导通性测试。导通性测试分为信号线路导通性测试和搭铁线路导通性测试，如果测量结果几乎为零，说明插接件损坏，如果测量结果为无穷大，说明线路断路，如果测量结果为较大的电阻值说明线路虚接。

## 拓展知识

**两会热议新能源——助力新能源自主品牌"出海"**

依托强大的内需市场及完整供应链、产业链的支撑，中国新能源汽车快速发展。有数据显示，2022年，中国汽车出口300多万辆，其中，新能源汽车出口约68万辆，已形成了全球领域的竞争新优势。更

知识拓展

有研究表明，随着中国市场汽车出口量的激增，比亚迪等中国电动汽车制造商开始大步进军海外市场，目标买家遍布世界各地。在比亚迪的带领下，过去两年，中国电动汽车制造商在至少 16 个国家推出了十几款电动汽车车型。

由于全球知名汽车制造商都在加速开发自家电动汽车，迄今为止，中国品牌电动汽车出口到欧洲市场的数量仍然很少，还面临着来自海外厂商的巨大竞争压力。

为支持我国车企出海，2023 年两会期间，全国人大代表、奇瑞控股集团董事长尹同跃针对中国车企出海、新能源车动力电池核心矿产资源海外战略布局等提交了《关于加速推进与有关国家开展关税和自贸协议谈判，支持中国车企走出去的建议》《关于动力电池核心矿产资源海外战略布局的建议》等。

尹同跃指出，目前，日韩政府在中国汽车主要海外市场所在国家均签订了自由贸易协定，日韩汽车企业因此享受更多的优惠政策，竞争优势非常明显，这就造成中国汽车品牌在国际市场竞争中处于不平等地位。因此他建议，一方面，目前中国进口整车基本都是高端小众车型，建议国家税务总局、海关总署等单位研究进一步降低整车进口关税，以便争取更加互惠的贸易政策，降低关税壁垒。另一方面，他建议商务部等部委加速与中国汽车出口主要市场所在国和地区签订贸易协定或关税联盟，制定与汽车有关的关税政策，特别是拉丁美洲南方共同市场（南共体）、墨西哥、南非、欧洲国家。同时推进与已签订自贸协定国家的第二阶段谈判，将汽车纳入协定目录，加快汽车产品关税互减的进程。

## 实训任务

**【任务导入】**

我们在给纯电动汽车充电前，必须先把交流枪口接入交流充电的插头，连接完成后，等待充电枪与车内工作部件进行反馈，方能完成充电。交流电充电也是我们常说的慢充模式，采用了交流电接口外接交流充电机的方式，但由于补充组属性都是直流电，所以需要车载充

排故思路

电机直接将交换电转化为直流电，然后再经过高压电箱将其分配给电动车的动力电池进行补充。在车辆交流充电系统内部控制器相互协作之前，我们应先将交流充电的接口端接入车辆对应接口，使得充电桩和车载充电机之间能够完成 CC 信号的输送，辅助控制单元进行 CC 和 CP 的信号确认后，将其输送给 BMS 进行唤醒，由 BMS 提醒汽车充电机并发出命令补充，并且关闭主继电器开关，补充动力电池的电量。

**【任务描述】**

一辆比亚迪秦纯电动汽车，车辆能够正常行驶，仪表盘上未提示相关故障信息，连接供电设备至外部交流充电口，观察仪表无任何反应，此时打开点火开关，仪表依然没有任何与充电有关的提示。

**【任务目标】**

1. 能叙述新能源汽车交流充电系统包括哪些部分。
2. 能介绍新能源汽车交流充电系统的工作原理。
3. 能通过实车演示交流充电过程。
4. 能通过列举两会热议新能源来了解中国新能源汽车产业的未来发展方向。

**【任务计划与实施】**

学生在教师的引导下分组，以小组为单位学习相关知识，并回答下列问题。

1. 新能源汽车交流充电系统包括哪些部分？

2. 新能源汽车交流充电系统的工作原理是什么？

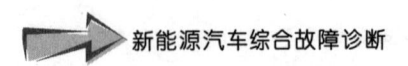

3. 简述交流充电的过程。

4. 根据两会对新能源话题的热议，说说你对中国新能源汽车产业发展前景有哪些展望。

【评价与反馈】
一、填空题

1. 新能源汽车充电方式主要有两种，一种是_____，也称为_____，另一种是_____，也称为_____。

2. 交流充电系统的组成主要包括_____、_____、动力电池及_____等。

二、判断题

1. （    ）新能源汽车在充电过程中严禁插拔充电插头。

2. （    ）交流充电插座上都有 7 个端子。

3. （    ）CC 是充电枪连接确认端子。

4. （    ）CP 是充电控制确认端子。

## 三、技能考核

**实操演示**

### 学生实践记录表

| 班级 | | 车型及年款 | | 配分 | 得分 |
|---|---|---|---|---|---|
| 姓名 | | 学号 | | 100 | |
| 实践设备 | | | | 5 | |
| 资料查阅 | | | | 10 | |
| 实施流程 | 绘制新能源汽车交流充电系统低压故障诊断思路导图。 | | | 30 | |
| | 对新能源汽车动力交流充电系统低压故障点进行检测。 | | | 30 | |
| 归纳总结 | | | | 15 | |
| 6S整理：整理□ 整顿□ 清扫□ 清洁□ 素养□ 安全□ | | | | 10 | |
| 自我评价 | 良好□ 合格□ 不合格□ 分数_____ | | | | |
| 教师评价 | 良好□ 合格□ 不合格□ 分数_____ | | | | |

新能源汽车综合故障诊断

# 任务二 　交流充电枪元件故障诊断与排除

## 知识学习

### 一、充电枪的组成

充电枪是电动汽车充电时连接电源与电池的一种设备，如图4-2-1所示。

微课视频

图4-2-1　交流充电枪

充电枪的主要组成部分包括：

**1. 插头头部**

用于连接输入输出的电缆，负责传输电能。

**2. 绝缘把手**

充电枪的手柄，防止人们发生触电危险。

**3. 锁紧机构**

可将充电枪固定在电动车电池充电接口上。

**4. 电缆**

用于传输电能的电线和保护电线的护套。

**5. 保险装置**

防止过载和短路,确保用电安全。

**6. 冷却系统**

对充电枪内部的电子设备进行冷却,以保护设备。

**7. 显示器**

显示充电状态和故障信息。

**8. 控制电路**

处理电源输入、输出和电动汽车电池的信号,控制充电过程。

**9. 外壳**

保护充电枪内部元件,防止其暴露在外界环境中。

根据不同的电动汽车类型和充电方式,充电枪的结构和部件也会有所不同。

## 二、充电枪的功用

动力电池为电动汽车的主要动力源,其最为主要的一个特征是可进行反复充电。交流慢充和直流快充是当前动力电池进行外接电源充电的主要方式。

交流慢充是通过车载充电机将单相交流电转换为高压直流电后输送给动力电池,充电功率取决于充电机的功率。交流慢充可采用家用单相交流充电和充电桩单相交流充电两种方式,主要由整车控制器、车载充电机、交流充电插座、动力电池及组合仪表指示灯等组成,车辆单独配备充电枪。

交流充电枪电子锁由 BCM 控制。BCM 控制充电枪电子锁的解锁和闭锁,监测充电枪电子锁状态并发送给 VCU。充电枪电子锁为闭锁状态时,整车才能进行正常的交流充电。

### (一)充电枪的功能

**1. 插头过温保护**

充电枪充电的时候温度会升高,为了避免温度过高导致插座融化进而引起火灾,充电枪厂家在设计充电枪的时候就做了插头过温保护,提高了充电枪的安全性。

**2. 控制器过温保护**

这也是能够避免线缆及控制器在充电时因高温自燃的设计,降低了充电风险,

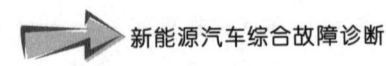

可有效避免因此带来的经济损失。

**3. 车辆交流漏电保护**

脉动直流漏电风险是非常大的，交流漏电保护能够避免这种情况的发生。

**4. 接地异常提醒**

地线对于用电安全是非常重要的，充电枪在使用的过程中，如果出现了接地异常的情况，充电器会警报，这样就能引起人们的重视，进而避免事故的发生。

**（二）《电动汽车传导充电用连接装置 第1部分：通用要求》新国标调整解读**

《电动汽车传导充电用连接装置 第1部分：通用要求》（以下简称新国标）的改变主要有以下几点：

（1）增加了额定工作电压（优选值）1000V（DC）以及额定工作电流（优选值）10A（AC）、80A（DC）和200A（DC）。新旧国际对比，如图4-2-2所示。

5 充电连接装置的额定值

5.1 额定电压(优选值)

250 V(AC)
440 V(AC)
690 V(AC)
400 V(DC)
750 V(DC)
1 000 V(DC)
0 V~30 V(DC)(用于信号、控制或低压辅助电源)

5.2 额定电流(优选值)

10 A(AC)
16 A(AC)
32 A(AC)
63 A(AC)
125 A(AC)
250 A(AC)
80 A(DC)
125 A(DC)
200 A(DC)
250 A(DC)
400 A(DC)
2 A (DC)(只用于信号或控制)
20 A (DC)(只用于低压辅助电源)

a 新国标

5 充电连接装置的额定值

5.1 额定工作电压(优选值)

250 V(AC)
440 V(AC)
690 V(AC)
400 V(DC)
750 V(DC)
0 V~30 V(DC)(用于信号、控制或低压辅助电源)

5.2 额定工作电流(优选值)

16 A(AC)
32 A(AC)
63 A(AC)
125 A(AC)
250 A(AC)
125 A(DC)
250 A(DC)
400 A(DC)
2 A(DC)(只用于信号或控制)
20 A(DC)(只用于低压辅助电源)

b 旧国标

图4-2-2 新旧国标对比

(2) 新国标中删除了额定工作电流超过 16 A（不含 16 A）充电连接装备应具备控制导引电路的要求。

(3) 新国标中 6.2.1 和 6.9.1 修改了供电接口和车辆接口的防护要求，这一项和第 2 项都对修改充电枪结构设计无影响。

(4) 新国标 6.3.3 中明确了直流充电接口的车辆插头上应安装电子锁止装置。

(5) 新国标 6.7 中删除了额定电流大于 250 A 的端子应使用不可拆线方式的要求，使得大于 250 A 的端子可以用充电枪连接。

(6) 新国标修改了实验方法中部分测试参数，如图 4-2-3 所示。

| 触头电流额定值 A | 供电插头、车辆插头和车辆插座用电缆的横截面积 mm² | | 供电插座用的电缆横截面积 mm² | |
|---|---|---|---|---|
| | 非接地导线 | 接地导线 | 非接地导线 | 接地导线 |
| 2 | 0.5 | — | 0.5 | — |
| 10 | 1.0～1.5 | 2.5 | 1.0～1.5 | 2.5 |
| 16、20 | 1.0～2.5 | 2.5 | 1.5～4 | 4 |
| 32 | 2.5～6 | 6 | 2.5～10 | 10 |
| 63 | 6～16 | 16 | 6～25 | 25 |
| 80 | 10～25 | 25 | 16～35 | 25 |
| 125 | 25～70 | 25 | 35～95 | 50 |
| 200 | 70～150 | 25 | 70～185 | 95 |
| 250 | 70～150 | 25 | 70～185 | 95 |
| 400 | 240 | 120 | 300 | 150 |

图 4-2-3 实验方法中部分测试参数修改

(7) 新国标中交流充电接口的额定电流从不超过 32 A 修改为不超过 63 A，增加了交流充电枪的额定电流，影响电缆线径。

(8) 新国标中充电接口的电流增加了 10 A 和 63 A。

(9) 新国标中备用触头扩展为三项充电功能。

(10) 新国标中增加了 $R_4$ 电阻。

(11) 新国标中删除了控制导引电路和控制原理。

(12) 新国标中修改了充电接口、控制导引触头和机械锁的部分尺寸，增加了插座内的排水孔，密封圈修改为可选。

(13) 新国标中修改了插头空间尺寸要求，并调整为规范性附录。

(14) 新国标中修改了充电接口最高额定电压，影响电缆线径，对直流腔结构设计无影响。

（15）新国标中增加了充电接口额定电流 80 A 和 200 A。

（16）新国标中调整了充电连接过程中触头耦合顺序，在连接界面示意图中增加了电子锁止装置。

（17）新国标中删除了充电模式四的直流充电控制导引电路与控制原理。

（18）新国标中修改了充电接口、控制导引触头和机械锁的部分尺寸。

（19）新国标中修改了插头空间尺寸要求，并调整为规范性附录。

## 三、充电枪的维护

为了确保交流充电枪的使用寿命和安全性能，我们要对其进行日常的维护和保养，以下是几个需要注意的方面：

### （一）定期清洁

在日常使用中，交流充电枪会堆积灰尘和杂质，这些物质会影响其充电效率和安全性。因此，我们要定期使用干净的抹布清洁充电枪外部和内部。

### （二）避免撞击和扭曲

交流充电枪的外壳和内部构件都比较脆弱，我们要避免在使用过程中使其受到撞击和扭曲，以免影响其充电效率和安全性。

### （三）检查电线和连接器

使用之前，我们要检查充电枪的电线和连接器是否完好无损，如有损坏或老化，要及时更换。

### （四）定期检查保护功能

交流充电枪通常具有多重保护功能，如过压、过流、过热保护等，我们要定期检查这些保护功能是否正常。

### （五）避免长时间使用

长时间使用会导致充电枪内部构件过热或损坏，因此我们要避免长时间使用充电枪，充电时间尽量控制在 2—3 小时以内。

## 四、交流充电枪常见故障类型

充电枪作为新能源汽车的重要组成部分，其稳定性和可靠性对驾驶人员和充电站都非常重要。充电枪常见的故障类型有以下几种。

### （一）接触不良

充电枪的接触部分是其最易出现问题的部分，在使用过程中，由于接触部分磨损，充电枪可能会出现接触不良的情况，导致充电速度减慢或无法正常充电。

## （二）内部线路故障

充电枪的内部线路也可能出现问题，例如线路短路、开路等故障。这些故障可能会导致充电枪无法正常工作，甚至对车辆和充电桩造成损坏。

## （三）电源问题

充电枪需要通过电源进行供电，如果电源故障，也会导致充电枪无法正常工作。例如，电源线松动、插头脱落等情况，都可能导致充电枪无法工作。

## （四）温度过高

在使用过程中，充电枪的接触部分会产生热量，如果长时间使用或者充电功率过大，充电枪可能会出现温度过高的情况。这时候需要暂停充电，等待充电枪降温后再继续使用。

### 拓展知识

**未来市场主流——便携式充电枪**

近年来，我国高质量充电枪控制盒市场占比不断提高，这为充电枪行业发展提供了有利条件。

知识拓展

图 4-2-4 新能源便携充电枪

便携式充电枪指可以随车携带的充电枪，它具有体积小、质量轻、充电灵活等优势，未来有望成为充电枪市场的主流产品。2022年《车载电器产品第2部分：便携式充电枪》团体标准正式获批立项，该标准对便携式充电枪的环境适应性、安全保护功能等方面做出了严格规定。在此背景下，我国便携式充电枪行业将逐渐往规范化方向发展。

新能源汽车为充电枪主要需求端。据中国汽车工业协会统计数据显示，2022年我国新能源汽车销量达688.7万辆，同比增长93.4%。在市场需求带动下，我国新能源汽车充电基础设施建设进程不断加快。2022年《国家发展改革委等部门关于进一步提升电动汽车充电基础设施服务保障能力的实施意见》，明确提出要优化电动汽车充电设备运维管理。受益于国家政策支持，我国充电枪行业发展空间将进一步扩大。

我国充电枪主要生产企业包括广东日丰电缆股份有限公司、胜蓝科技股份有限公司、公牛集团股份有限公司、深圳沃尔核材股份有限公司等。公牛集团为我国充电枪龙头企业。

便携式充电枪性能优异，能满足汽车便携充电的需求，未来有望成为我国充电枪市场的主流。

------- **实训任务** -------

## 【任务导入】

动力电池为当前电动汽车的主要动力源，其最为主要的一个特征就是可以反复充电。交流慢充和直流快充是当前动力电池进行外接电源充电的主要方式。

排故思路

交流慢充：车载充电机将单相交流电转换为高压直流电后输送给动力电池，充电功率取决于充电机的功率。交流慢充可采用家用单相交流充电和充电桩单相交流充电两种方式。主要由整车控制器、车载充电机、交流充电插座、动力电池及组合仪表指示灯等组成，车辆单独配备充电枪。

直流快充：非车载充电机采用大电流给动力电池直接充电，使动力电池在短时间内（目前上市的车辆多称半个小时）可充至80%左右的电量，主要包括整车控制器（VCU）、充电桩（含充电枪）、直流充电插座、动力电池、组合仪表等。

电池管理系统（BMS）：对充电状态进行监视，同时与充电桩或车载充电机进行通信，从而共同对电动汽车进行智能化控制。

车载充电机：车载充电机具有为动力电池提供自动、安全充电的功能，通过恒压、恒流控制，根据充电状态对充电功率进行调整，将220V交流电转换为直流电进行充电，从而实现对电动汽车充电的智能化控制。

**【任务描述】**

一辆比亚迪秦纯电动汽车，车辆能够正常行驶，仪表盘上未提示相关故障信息，连接供电设备至外部交流充电口，15 s 内没有听到车辆高压接触器发出的"咔嗒"的工作声，观察供电设备，只有电源指示灯点亮，充电指示灯不亮。仪表盘上充电连接指示灯未点亮，打开点火开关，充电连接指示灯点亮。

**【任务目标】**

1. 能叙述新能源汽车充电枪包括哪些部分。
2. 能通过实车列举新能源汽车充电枪的功能。
3. 能列举《电动汽车传导充电用连接装置 第1部分：通用要求》新国标调整的内容。

**【任务准备】**

## 一、知识准备

1. 新能源汽车充电枪的组成。
2. 新能源汽车充电枪的功能。
3. 新能源汽车《电动汽车传导充电用连接装置 第1部分：通用要求》新国标调整的内容。

请把自己需要掌握的知识点和技能点填入下表。

| | |
|---|---|
| | 1. |
| 知识点 | 2. |
| | 3. |
| | 1. |
| 技能点 | 2. |
| | 3. |

## 二、工作场地

理实一体化教室

## 三、设备准备

新能源实训车辆

**【任务计划与实施】**

学生在教师的引导下分组，以小组为单位学习相关知识，并回答下列问题。

1. 新能源汽车充电枪包括哪些部分？

2. 新能源汽车充电枪的功能是什么？

3. 新能源汽车《电动汽车传导充电用连接装置 第1部分：通用要求》新国标调整了哪些内容？

**【评价与反馈】**

一、填空题

1. 交流慢充是通过_____将_____转换为高压直流电后输送给_____，充电功率取决于_____的功率。

2. 交流充电枪的组成部分包括_____、_____、_____、_____、_____、_____、_____、_____、_____。

二、判断题

1. （    ）充电枪的接触部分是最易出现问题的部分。

2. （    ）需要定期使用干净的抹布清理充电枪的外部和内部。

3. （    ）交流充电枪电子锁由 BCM 控制。

4. （    ）充电枪需要通过电源进行供电，如果电源故障，会导致充电枪无法正常工作。

三、技能考核

学生实践记录表

| 班级 | | 车型及年款 | | 配分 | 得分 |
|---|---|---|---|---|---|
| 姓名 | | 学号 | | 100 | |
| 实践设备 | | | | 5 | |
| 资料查阅 | | | | 10 | |
| 实施流程 | 绘制新能源汽交流充电系统低压故障诊断思路导图。 | | | 30 | |
| | 对新能源汽车交流充电系统低压故障点进行检测。 | | | 30 | |
| 归纳总结 | | | | 15 | |
| 6S 整理：整理□ 整顿□ 清扫□ 清洁□ 素养□ 安全□ | | | | 10 | |
| 自我评价 | 良好□ 合格□ 不合格□ 分数_____ | | | | |
| 教师评价 | 良好□ 合格□ 不合格□ 分数_____ | | | | |

新能源汽车综合故障诊断

## 任务三　OBC及其线路故障诊断与排除

### 知识学习

#### 一、车载充电机的组成

随着车载充电机市场规模的不断扩大，车载充电机成为国内外众多专家的研究热点，专家们对车载充电机从拓扑结构等方面展开了研究，目前车载充电机采用的拓扑结构主要包括单级式结构和两级式结构两种。

微课视频

单级式车载充电机的结构如图4-3-1所示，其输入交流电经过AC/DC变换为直流电，然后直接为电动汽车电池组供能。

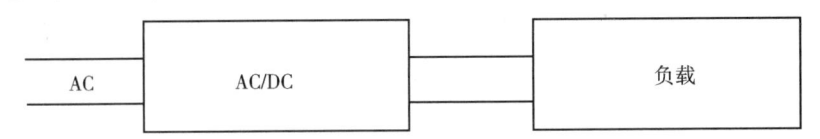

```
AC ─→ [AC/DC] ─→ [负载]
```

图4-3-1　单级式车载充电机结构

单级式车载充电机具有拓扑结构简单、体积小、重量轻、操作简便、成本低等优点。目前，大多数车载充电机前级采用基本型Boost APFC变换器或者改进型Boost APFC变换器，主要有基本型Boost APFC变换器、无桥Boost APFC变换器、交错并联Boost APFC变换器、无桥交错Boost APFC变换器。

两级式车载充电机增加了后级DC/DC模块。其变换结构如图4-3-2所示。

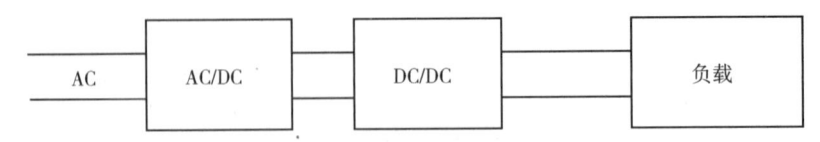

```
AC ─→ [AC/DC] ─→ [DC/DC] ─→ [负载]
```

图4-3-2　两级式车载充电机结构

两级式变换结构通常适用于大功率的车载充电机。

交流充电插座温度传感器信号主要作用是监测交流充电插座的温度，以保证整个充电过程的安全。如果温度传感器信号出现异常就会造成慢充系统在使用大功率供电设备时启动保护功能，即无法启动满负荷充电功能，使充电时间增加或不能进行充电。

根据我国《电动汽车用传导式车载充电机》国标要求,车载充电机相对湿度标准范围是 5%—95%,车载充电机的工作环境温度为 −20 ℃—65 ℃,储存温度为 −30 ℃—95 ℃,输入电压的参考范围是额定输入电压的 ±15%,要求能够确保车载充电机正常工作。常见的 3.3 kW、6.6 kW 车载充电机的散热方式为液冷,车载充电机的常规输入技术参数的推荐值如表 4-1 所示。

表 4-3-1 车载充电机输出技术参数推荐值

| 输出电压等级 | 输出电压范围/V | 标称输出电压推荐值/V |
| --- | --- | --- |
| 1 | 24—65 | 48 |
| 2 | 55—120 | 72 |
| 3 | 100—250 | 144 |
| 4 | 200—420 | 336 |
| 5 | 300—570 | 384、480 |
| 6 | 400—750 | 640 |

车载充电机上连接低压通信线束、高压通信线束等。

以吉利 EV450 为例,车载充电机的低压线束位置,如图 4-3-3 所示。

图 4-3-3 车载充电机的低压线束位置

图 4-3-4 车载充电机低压线束

吉利 EV450 车载充电机低压线束 BV10 连接器上各端子的分布和定义，如图 4-3-5 所示。

## BV10车载充电机低压线束连接器

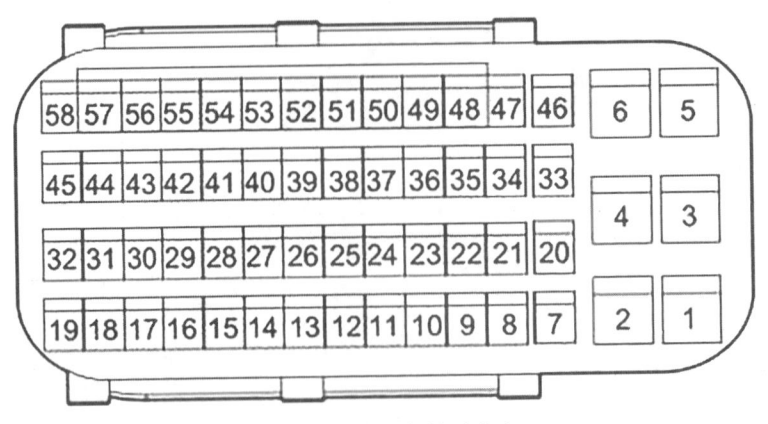

| 58 | 57 | 56 | 55 | 54 | 53 | 52 | 51 | 50 | 49 | 48 | 47 | 46 | 6 | 5 |
| 45 | 44 | 43 | 42 | 41 | 40 | 39 | 38 | 37 | 36 | 35 | 34 | 33 | 4 | 3 |
| 32 | 31 | 30 | 29 | 28 | 27 | 26 | 25 | 24 | 23 | 22 | 21 | 20 | | |
| 19 | 18 | 17 | 16 | 15 | 14 | 13 | 12 | 11 | 10 | 9 | 8 | 7 | 2 | 1 |

a BV10 连接器各端子分布

| 端子号 | 端子定义 | 颜色 |
|---|---|---|
| 4 | KL30 | R |
| 6 | 接地 | B |
| 26 | 高压互锁入 | W |
| 27 | 高压互锁出 | Br/B |
| 30 | 电子锁状态 | W/R |
| 39 | CC 信号检测 | O |
| 44 | 电子锁正极 | W/L |
| 50 | CP 信号检测 | V/B |
| 54 | CAN-L | L/B |
| 55 | CAN-H | Gr/O |
| 57 | 电子锁负极 | W/B |

b BV10 连接器重要端子的定义

图 4-3-5 车载充电机低压线束 BV10 连接器

吉利 EV450 车载充电机高压通信线束，如图 4-3-6 所示。

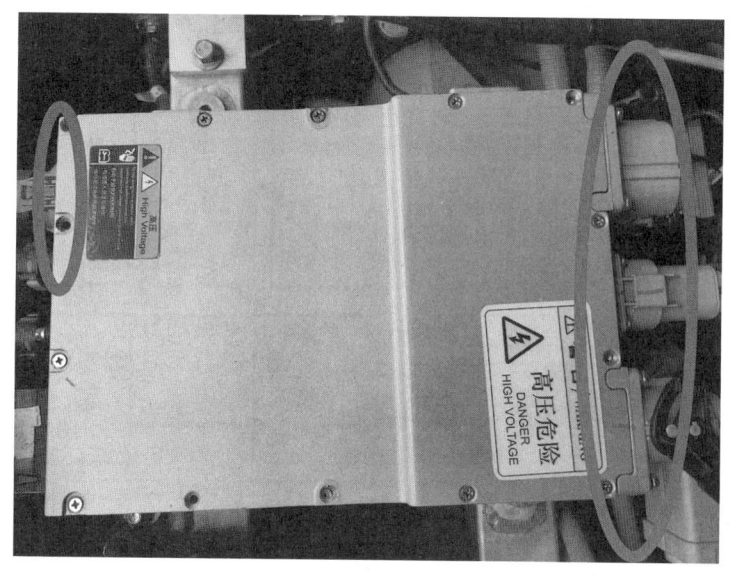

图 4-3-6 车载充电机高压通信线束

## 二、车载充电机的功能

车载充电机是新能源汽车的核心零部件,也是整车故障率最高的电器部件。根据不同的划分标准,电动汽车车载充电机可以分为多种,按照电动汽车充电机的工作频率大小,可分为工频充电机和高频充电机;按照充电接口的不同可以分为交流充电机和直流充电机;按照安装的位置可以分为车载式充电机和非车载式充电机。车载充电机可以将交流、直流电能转化为高压直流电能,给车载动力电池充电,一般采用 220 V 交流电或者 380 V 三相交流电作为供电能源,通常采用传导式。

车载充电机能够根据 BMS 给出的数据随时调节电压或者电流参数,并根据指令完成相应的操作,从而完成整个充电过程。

## 三、车载充电机的工作原理

车载充电机是一种电池充电装置,输入为 AC,输出为 DC,输出电压与车载电池充电要求一致,受控于 BMS 以及 VCU,能动态调节充电电流与电压参数,完成电池的充电过程。车载充电机是一个高频可变开关电源系统,主要由 APFC、功率变换和控制电路组成。功率电路主要由半导体器件、磁性器件以及开关接口器件等组成。控制电路是实现与电源管理进行通信、控制功率变换输出以及进行各种保护、报警的装置。车载充电机系统功能框图,如图 4-3-7 所示。

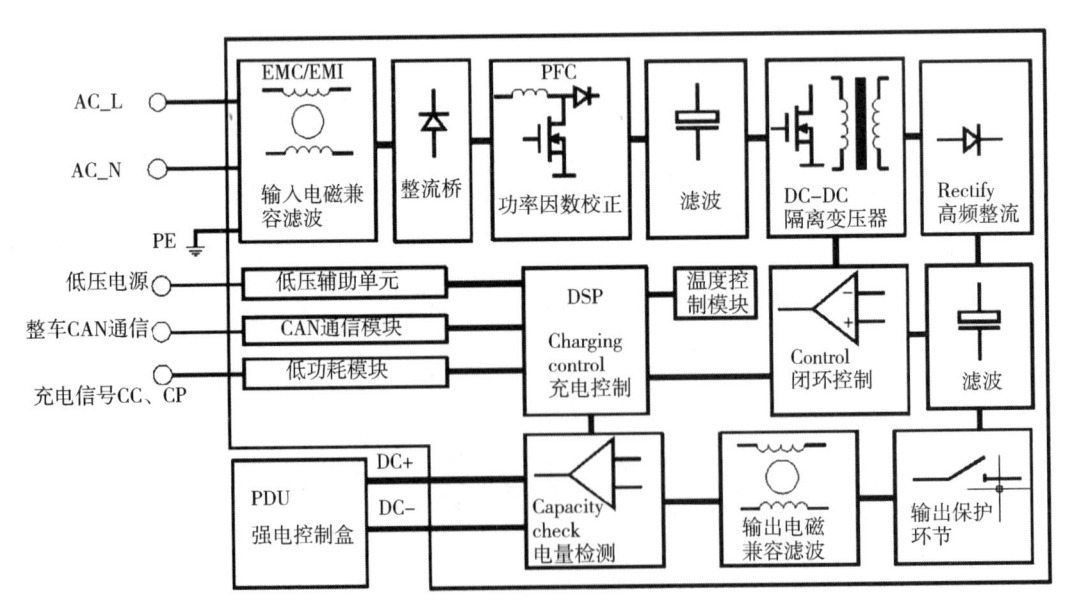

图 4-3-7 车载充电机系统功能框图

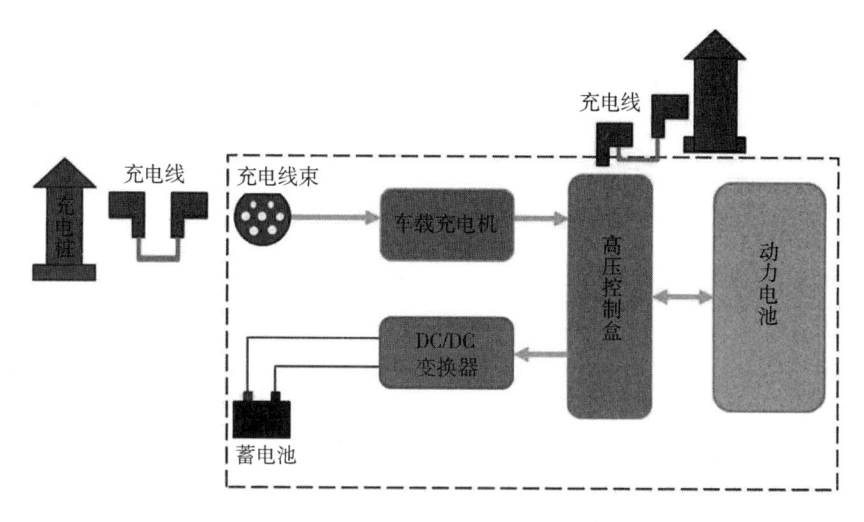

图 4-3-8 车载充电机系统工作原理

### 四、车载充电机发展趋势

随着电动汽车技术的快速发展，人们对充电系统的要求也越来越高，未来车载充电机的发展方向主要集中在以下几点。

（1）目前，国内车载充电机功率基本在 3.3 kW 和 6.6 kW，随着电动汽车续航里程的不断加大，当前充电机功率已经不能满足整车快速充电的需求了，国外的特斯拉配置了超过 11 kW 的充电机，车载充电机未来必然要功率扩容。

（2）目前，碳化硅和 IGBT 的应用可以有效提高充电机的充电效率，对于 V2G、V2L、V2V 能量的双向传递增加了电动汽车收益优势。

（3）电动汽车遇到的难点除了续航问题，就是成本问题，车载充电机的高度集成化已成为未来发展的趋势。目前，将车载充电机、直流转换器、高压配电盒、电机控制器、中央控制器集成的五合一部件已经批量应用，未来电器件集成化程度会更高，电器原理的通融性和共用性可以实现电器件利用率最大化。

（4）未来考虑充电的便捷性和安全性，会直接省略充电操作，利用智能化和无线充电技术的结合，对接整车实施自动监控和无线充电，解决客户的里程焦虑。

### 五、常见故障诊断及排除

#### （一）案例 1：CC 信号故障导致车辆无法充电的故障诊断与排除方法

CC 信号是电动汽车充电导引系统中的主信号之一，它的作用是判断车载充机和供电设备充电电缆是否正确连接以及是否连接正常。如果 CC 信号出现问题，将会导致高压充配电总成无法被激活，车辆将会无法补充电能。

**1. 故障现象**

一辆比亚迪秦纯电动汽车，车辆能够正常行驶，仪表盘上未提示相关故障信息，连接供电设备至交流充电口，观察仪表无任何反应，此时打开点火开关，仪表依然没有任何与充电有关的提示。

**2. 故障现象分析**

针对这一故障现象，我们首先来分析一下可能存在的故障原因。在充电过程中，仪表上的充电连接指示灯不亮，说明"交流电源→供电设备→充电连接电缆→车辆接口→高压配电总成→BMS→组合仪表"的控制流程存在故障。整车运行正常，说明高压充配电总成、BMS、组合仪表的电源与通信工作是正常的。所以，我们判定组合仪表没有对充电线束连接做出反应，一方面原因可能是因为高压充配电总成没有接收到正确的 CC、CP 信号，或者高压充配电总成没有对 CC、CP 信号做出正确的反应，或者高压充配电总成、BMS 没有把连接信号输送给仪表，再结合充电控制逻辑，分析故障原因可能为：

(1) 供电设备或其电源存在故障。

(2) 充电枪自身故障。

(3) 车载充电机口与高压充配电总成之间线路故障。

(4) 高压充配电总成局部故障。

(5) 高压充配电总成与 BMS 之间的充电连接信号线故障。

(6) BMS 局部故障。

(7) BMS 与组合仪表之间的充电指示灯控制信号线路故障。

(8) 组合仪表局部故障。

**3. 故障诊断过程**

(1) 读取故障码。连接故障诊断仪，读取车辆故障码，故障码显示为 CC 信号异常。

(2) 读取诊断数据流。结合数据流显示的信息，PWM 波占空比显示 12%，说明 CP 信号正常；充电枪连接状态显示断开，充电连接装置连接状态显示未连接，由此可以确认 CC 异常。

(3) 检测过程。确认 CC 信号异常后，我们对高压充配电总成端 CC 对地信号进行测试，也就是 BK46/4 号端子，正常情况下，不插入充电枪时，电压为 10.7 V 左右，插枪后，按下 $S_3$ 开关，电压为 4.3 V 左右，松开 $S_3$，电压为 2.42 V 左右。

如果测量电压都符合，可能是高压充配电总成存在故障，需要更换。

如果不符，需要测量车辆侧交流口端子 2 对地电压，测量结果为，不插入充电枪时，电压为 10.7 V 左右，插枪后，按下 $S_3$ 开关，电压为 4.3 V 左右，松开 $S_3$，电压为 2.42 V 左右。

如果测得电压都为 10.7 V 左右，说明测试点与 PE 接地点之间的线路可能断路，需要测量车辆侧交流充电口端 PE 对地电压。

如果测得电压都为 0 V，说明测试点到高压充配电总成之间的线路存在断路故障，需进一步检查线路的导通性，如果电阻值接近零，说明接插件故障，如果为无穷大，说明线路断路。

**（二）案例 2：CP 信号异常导致车辆无法充电的故障诊断与排除**

CP 信号是电动汽车判知充电连接和供电设备最大供电电流的主信号，以此来控制充电状态和充电电流的大小。如果 CP 信号出现问题，将会造成高压充配电总成与供电设备无法实现连接，最终导致车辆无法进行充电，仪表上不也不会有任何与充电有关的提示。

**1. 故障现象**

一辆比亚迪秦纯电动汽车，车辆能够正常行驶，仪表盘上未提示相关故障信息，连接供电设备至外部交流充电口，15S 内没有听到车辆高压接触器发出"咔嗒"的工作声，观察供电设备，只有电源指示灯亮起，充电指示灯不亮。仪表盘上，充电连接指示灯未点亮，打开点火开关，充电连接指示灯点亮。

**2. 故障现象分析**

针对这一故障现象，我们首先来分析可能存在的故障原因。充电过程中仪表上的充电连接指示灯不亮，说明"交流电源→供电设备→充电连接电缆→车辆接口→高压配电总成→BMS→组合仪表"的控制流程存在故障。打开点火开关后，仪表上的充电连接指示灯点亮，说明"充电连接电缆（CC）→车辆接口→高压充配电总成→BMS→组合仪表"的控制流程正常。据此判定，充电过程中，组合仪表没有对充电线束连接做出反应，一方面可能是因为高压配电总成没有接收到正确的 CP 信号，或者高压充配电总成未对 CC、CP 信号做出正确的反应，结合充电控制逻辑，故障的原因可能为：

（1）供电设备或其电源存在故障。

（2）充电枪自身（CP 信号线路）故障。

（3）车载充电口与高压配电总成之间线路（CP信号线路）故障。

（4）高压充配电总成局部故障。

**3. 故障诊断过程**

（1）读取故障码。连接故障诊断仪，读取车辆故障码，故障码显示供电设备故障。

（2）读取诊断数据流。结合数据流显示的信息，我们发现PWM波占空比为0，说明CP信号异常，交流外充接地状态正常，充电枪连接状态正常，说明CC信号正常，由此确认CP信号故障。

（3）检测过程。首先对高压充配电总成端BK46/5端子CP信号的波形进行测量。

如果测得0—6 V方波信号，说明正常，造成数据流异常的原因可能是高压充配电总成局部出现故障，需更换高压充配电总成。

如果测得的波形几乎为零，可能是CP信号线断路或对地短路，接下来要测量车辆交流充电插座端子1的波形信号，如果测得波形几乎为零，可能CP线路对地短路，需要检测CP信号线路对地电阻。

如果测得电源电压，说明BK46/5到交流充电座端子1之间线路断路。为进一步确定故障点，检测CP信号线路的导通性，如果电阻无穷大，说明线路断路，如果测得电阻值，说明线路虚接，如果几乎为零，说明接插件故障。

## 拓展知识

### 车载充电机行业发展趋势分析

车载充电机技术发展为新能源汽车的普及起到了推动作用，车载充电机在充电功率、充电效率、重量、体积、成本以及可靠性方面要求较高。为实现车载充电机的智能化、小型化、轻量化、高效率化，相关的研究与开发工作获得了长足的发展，研究方向主要集中在智能化充电、电池充放电安全管理、提高车载充电机效率和功率密度、实现车载充电机的小型化等方面。得益于电力电子技术的发展，SiC碳化硅二极管、碳化硅MOSFET和碳化硅IGBT发展迅速，随着技术的发展，车载充电机正在向着双向充放电、智能化、集成化等方向发展，如下图所示。

知识拓展

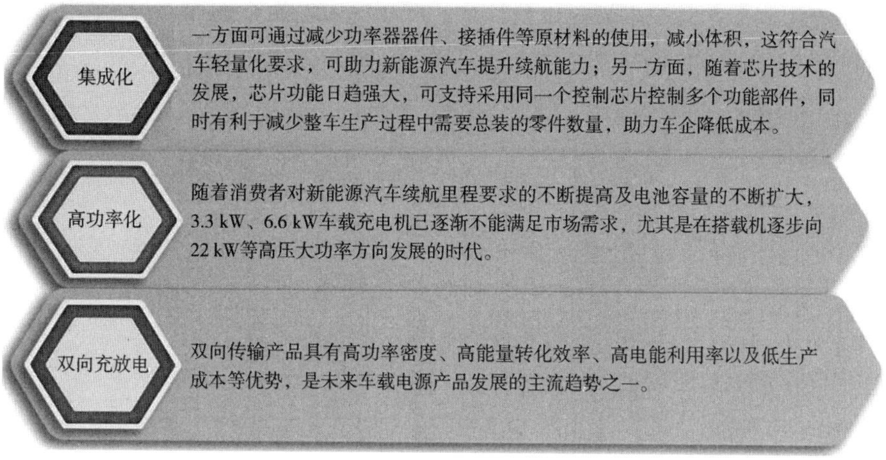

项目四　充电系统故障诊断与排除

| 集成化 | 一方面可通过减少功率器器件、接插件等原材料的使用，减小体积，这符合汽车轻量化要求，可助力新能源汽车提升续航能力；另一方面，随着芯片技术的发展，芯片功能日趋强大，可支持采用同一个控制芯片控制多个功能部件，同时有利于减少整车生产过程中需要总装的零件数量，助力车企降低成本。 |
|---|---|
| 高功率化 | 随着消费者对新能源汽车续航里程要求的不断提高及电池容量的不断扩大，3.3 kW、6.6 kW车载充电机已逐渐不能满足市场需求，尤其是在搭载机逐步向22 kW等高压大功率方向发展的时代。 |
| 双向充放电 | 双向传输产品具有高功率密度、高能量转化效率、高电能利用率以及低生产成本等优势，是未来车载电源产品发展的主流趋势之一。 |

图 4-3-9　车载充电机发展方向

## 实训任务

【任务导入】

车载充电机是指安装固定在电动汽车上、将交流电能转换为直流电能，采用传导方式为电动汽车动力蓄电池充电的专用装置。车载充电机由交流输入接口、功率单元、控制单元、直流输出接口等部分组成，充电过程中宜由车载充电机提供电池管理系统、充电接触器、表板、冷却系统等低压用电电源。

排故思路

【任务描述】

一辆比亚迪秦纯电动汽车，将交流充电枪与充电口连接，释放充电枪锁止开关，此时动力电池包内接触器发出正常的上电"咔嗒"声音，充电枪锁止正常，车辆充电正常。观察仪表，有充电功率和充电时间显示。等待5分钟后，充电枪跳开，充电结束。

【学习目标】

1. 能叙述新能源汽车动力电池系统包括哪些部分。
2. 能通过实车列举新能源汽车上需要对动力电池进行管理的问题。
3. 能介绍新能源汽车电池管理系统的功能。
4. 能通过列举两会热议的新能源问题来了解中国动力电池的强链与创新。

【学习准备】

一、知识准备

1. 新能源汽车车载充电机的组成。
2. 新能源汽车车载充电机的功能。

145

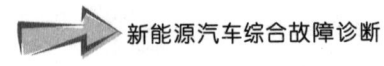

3. 新能源汽车车载充电机的工作原理。

请把自己需要掌握的知识点和技能点填入下表。

| | |
|---|---|
| 知识点 | 1. |
| | 2. |
| | 3. |
| 技能点 | 1. |
| | 2. |
| | 3. |

## 二、工作场地

理实一体化教室

## 三、设备准备

新能源实训车辆

**【计划与实施】**

学生在教师的引导下分组，以小组为单位学习相关知识，并回答下列问题。

1. 新能源汽车车载充电机包括哪些部分？

2. 新能源汽车车载充电机的功能是什么？

3. 新能源汽车车载充电机的工作原理是什么？

4. 浅谈新能源汽车车载充电机的未来发展方向。

【评价与反馈】

一、填空题

1. 车载充电机能够根据_____给出的数据，随时调节_____或者_____参数，根据指令完成相应的操作，并完成整个_____流程。

2. 车载充电机是一种电池充电装置，输入为_____，输出为_____，输出电压与车载电池充电要求_____，受控于BMS以及_____。

二、判断题

1. （　） 车载充电机是整车故障率最高的电器部件。

2. （　） 车载充电机未来必然要功率扩容。

3. （　） 车载充电机是新能源汽车的核心零部件。

4. （　） 车载充电机按照安装的位置可以分为车载式和非车载式。

## 三、技能考核

### 学生实践记录表

| 班级 | | 车型及年款 | | 配分 | 得分 |
|---|---|---|---|---|---|
| 姓名 | | 学号 | | 100 | |
| 实践设备 | | | | 5 | |
| 资料查阅 | | | | 10 | |
| 实施流程 | 绘制新能源汽车车载充电机系统故障诊断思路导图。 | | | 30 | |
| | 对新能源汽车车载充电机故障点进行检测。 | | | 30 | |
| 归纳总结 | | | | 15 | |
| 6S 整理：整理□ 整顿□ 清扫□ 清洁□ 素养□ 安全□ | | | | 10 | |
| 自我评价 | 良好□ 合格□ 不合格□ 分数_____ | | | | |
| 教师评价 | 良好□ 合格□ 不合格□ 分数_____ | | | | |

# 项目五　纯电动汽车空调故障诊断与排除

## 任务一　空调制冷异常

### 知识学习

#### 一、纯电动汽车空调系统

纯电动汽车空调系统的主要功能除了像传统汽车具有的制冷、制热、通风、除霜四个功能外，为了保护动力电池、提升动力电池续航能力以及缩短充电时间，整车空调系统还负责动力电池的热管理，即充电、运行时的预热和散热。

纯电动汽车空调系统由下列主要部件组成：

（1）制冷系统。

（2）制热系统。

（3）空气分配系统。

（4）模式/温度控制系统。

吉利帝豪EV450空调系统的组成，如图5-1-1所示。

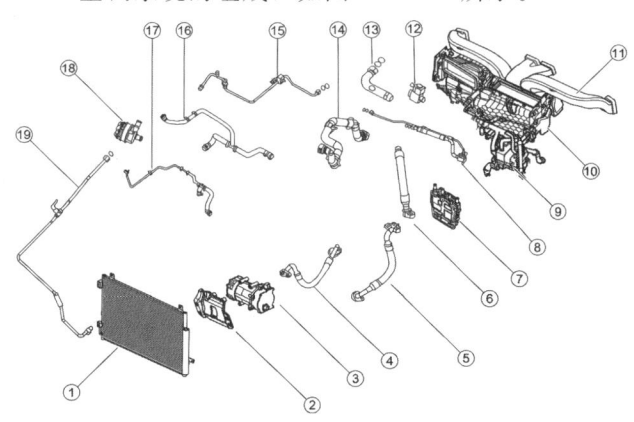

①冷凝器　②压缩机安装支架　③空调压缩机加热器安装支架　④压缩机排气软管总成　⑤压缩机吸气软管总成　⑥空调连接管（低压）　⑦PTC加热器　⑧热交换器高低压管总成　⑨热交换集成模块　⑩空调箱主机总成压缩机吸气管　⑪空调上部出风管　⑫制冷管路电磁阀　⑬空调低压管总成　⑭电池出水管　⑮空调高压管总成　⑯热交换器总成出水管（热管理）　⑰热交换器总成进水管（热管理）　⑱电动水泵　⑲空调高压管总成

图5-1-1　吉利帝豪EV450空调系统分解图

纯电动汽车空调系统的电气原理图如下：

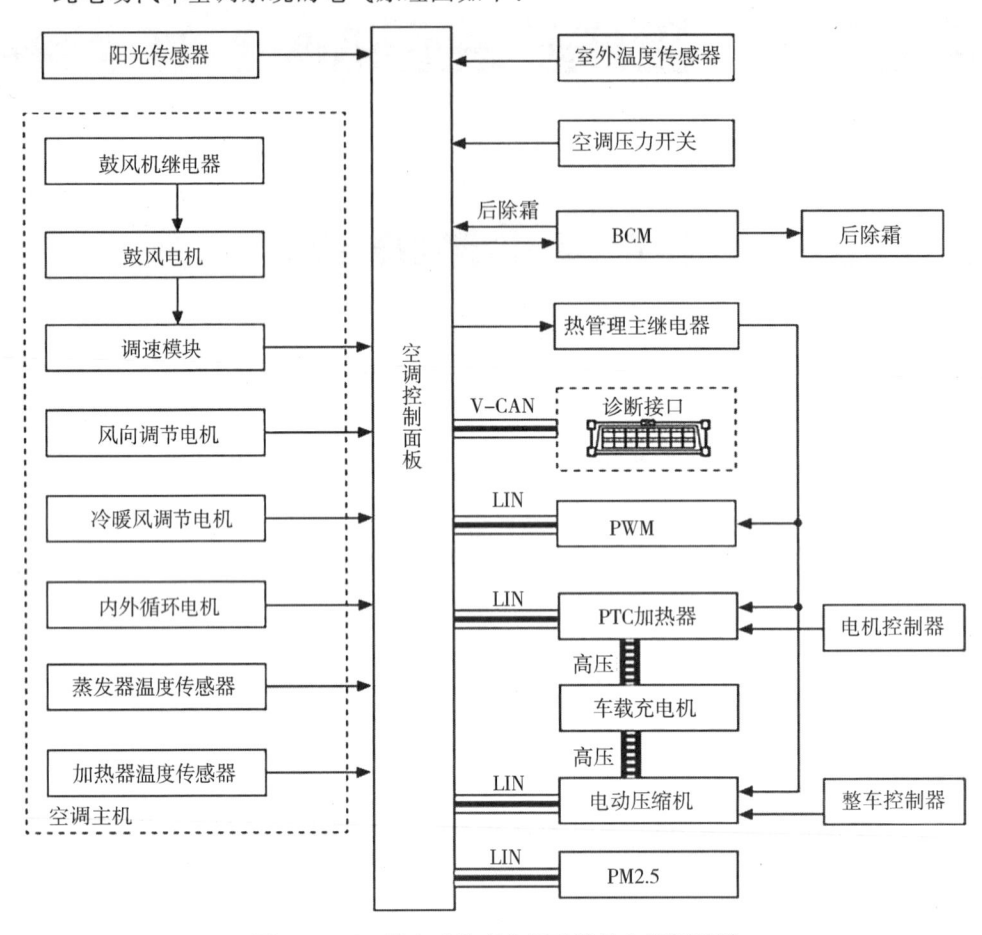

图 5-1-2　纯电动汽车空调系统的电气原理图

## 二、空调制冷系统

空调制冷系统由空调控制面板、空调控制器、压缩机、压缩机控制器、空调压力开关、电子扇、冷凝器、温度传感器、阳光传感器、冷却风扇、鼓风机调速模块、鼓风机、热交换器、电子膨胀阀、风门控制执行器、制冷管路、充配电总成、VCU等组成。

压缩机受高压电驱动，当压缩机工作时，压缩机吸入从蒸发器出来的低温低压的气态制冷剂，经压缩，制冷剂的温度和压力升高，并被送入冷凝器。在冷凝器内，高温高压的气态制冷剂把热量传递给经过冷凝器的车外空气而液化，变成液体。液态制冷剂流经膨胀阀时，温度和压力降低，并进入蒸发器。在蒸发器内，低温低压的液态制冷剂吸收经过蒸发器的车内空气的热量而蒸发，变成气体。气体又被压缩机吸入进行下一轮循环。这样，通过制冷剂在系统内的循环，不断吸收车内空气的热量并排到车外空气中，车内空气的温度逐渐下降。空调制冷系统的结构原理，如图 5-1-3 所示。

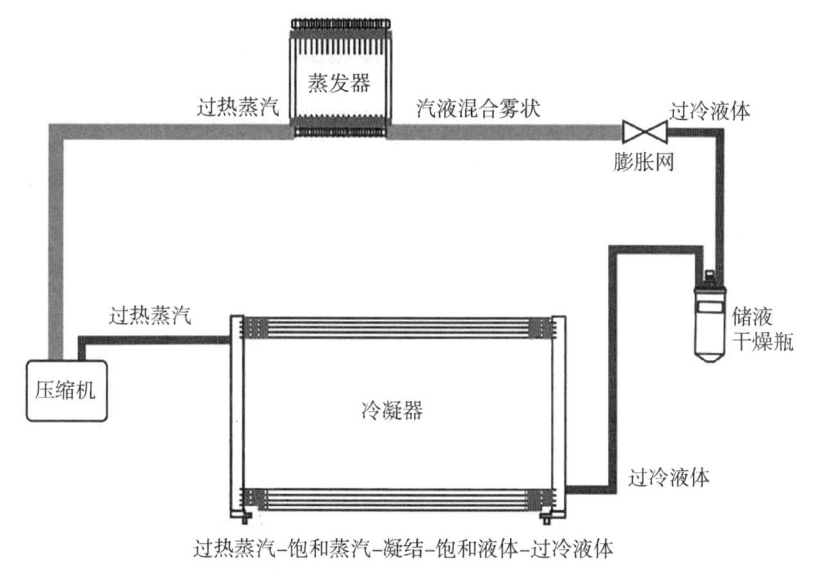

图 5-1-3 空调制冷系统的结构原理

车辆在充电及上电运行的情况下，BMS 通过温度传感器检测动力电池内的温度。如果温度达到或超过系统所设置的阀值，BMS 通过动力 CAN 发送热管理信息至网关控制器，网关控制器通过舒适 2-CAN 发送至空调控制器以及空调压缩机，空调制冷系统启动，通过电池水泵、热交换器为动力电池内部进行强制冷却，防止系统过温及安全事故发生，如图 5-1-4 所示。

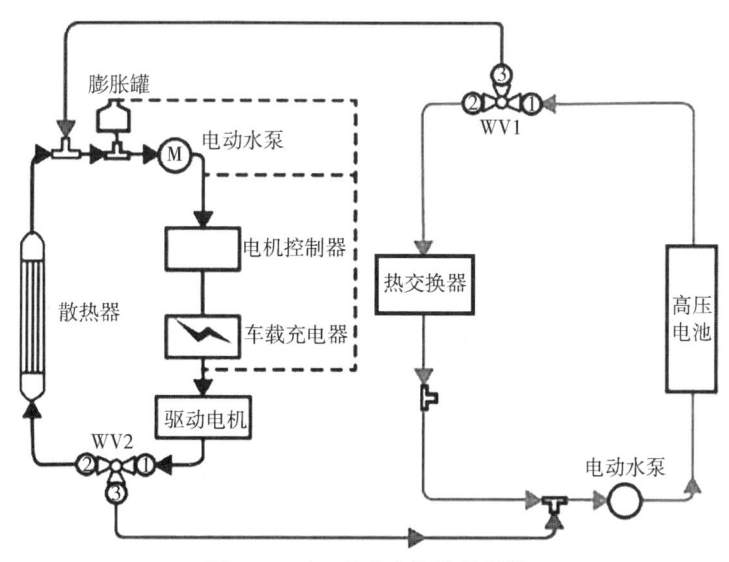

图 5-1-4 动力电池冷却系统

### (一) 压缩机

空调最核心的部件非压缩机莫属，一台压缩机可以占整台空调成本的30%~40%，制冷系统的好坏也与压缩机有着密切的关系，所以人们在购买空调前对空调所使用的压缩机有一个大概了解非常重要。一台好的压缩机，在使用寿命、噪声、能效比方面均会有更佳表现。新能源纯电动汽车空调系统所使用的核心部件——压缩机没有了传统燃油车上的动力来源，所以只能由电动汽车自己的动力电池来驱动，如图5-1-5所示。

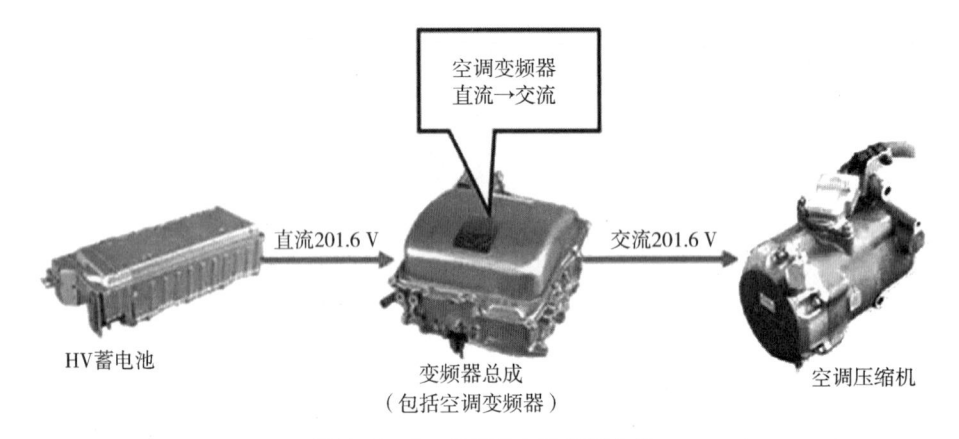

图5-1-5 普锐斯电动变频空调

纯电动汽车的压缩机类型一般为电动涡旋式，压缩机控制器与压缩机集成一体，通过电机自身的旋转带动涡旋盘压缩，完成制冷剂的吸入和排出，为制冷循环提供动力，如图5-1-6所示。

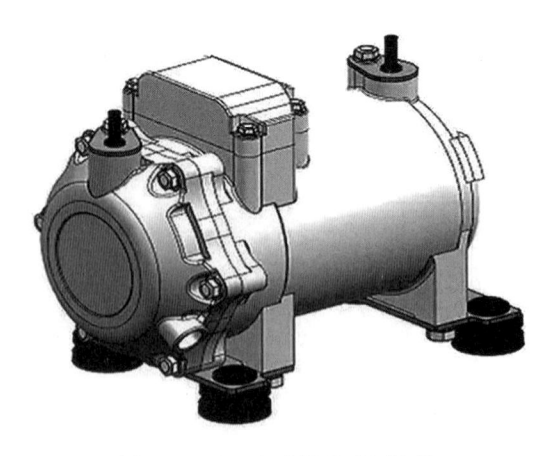

图5-1-6 电动涡旋式压缩机

电动涡旋式压缩机是一种容积式压缩的压缩机，压缩部件由动涡旋盘和静涡旋盘组成。其结构原理如图5-1-7所示。

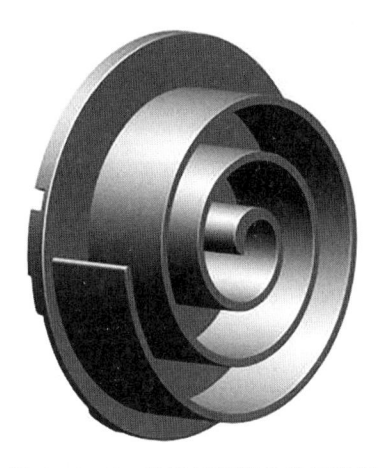

图5-1-7 涡旋压缩机构造原理图

**1. 电动涡旋式压缩机的优点**

(1) 没有往复运动机构,结构简单、体积小、重量轻、零件少(特别是易损件少),可靠性高。

(2) 力矩变化小、平衡性高、振动小、运转平稳,操作简便,易于实现自动化。

(3) 其在适应的制冷量范围内具有较高的效率。

(4) 噪声低。

**2. 电动涡旋式压缩机的缺点**

(1) 其运动机件表面多是曲面的,这些曲面的加工及检验均较复杂,有的还需要专用设备,因此制造成本较高。

(2) 其运动机件之间或运动机件与固定机件之间,常需保持一定的运动间隙来达到密封的效果,气体通过间隙势必引起泄漏,这就使回转式压缩机难以达到较大的压缩比,因此,大多数回转式压缩机都在空调工况下使用。

(3) 密封要求高,密封结构复杂。

电动压缩机的线路分为高压线路和低压线路,其中低压线路分为电源、通信线路两种,如图5-1-8所示。动力电池高压直流(DC 408.8V)电进入充配电总成,通过充配电总成内部的压缩机高压保险丝后流入电动压缩机,为电动压缩机提供动力电源。空调制冷功能开启后,电动压缩机通过舒适2-CAN总线接收允许开启电动压缩机及VCU通过动力CAN总线发送的允许开启电动压缩机的信息,经过处理与运算,控制内部功率转换IGBT模块,使电动压缩机三相U、V、W按顺序和频率通电,带动涡旋式压缩机运转、制冷剂循环、制冷模式启动。

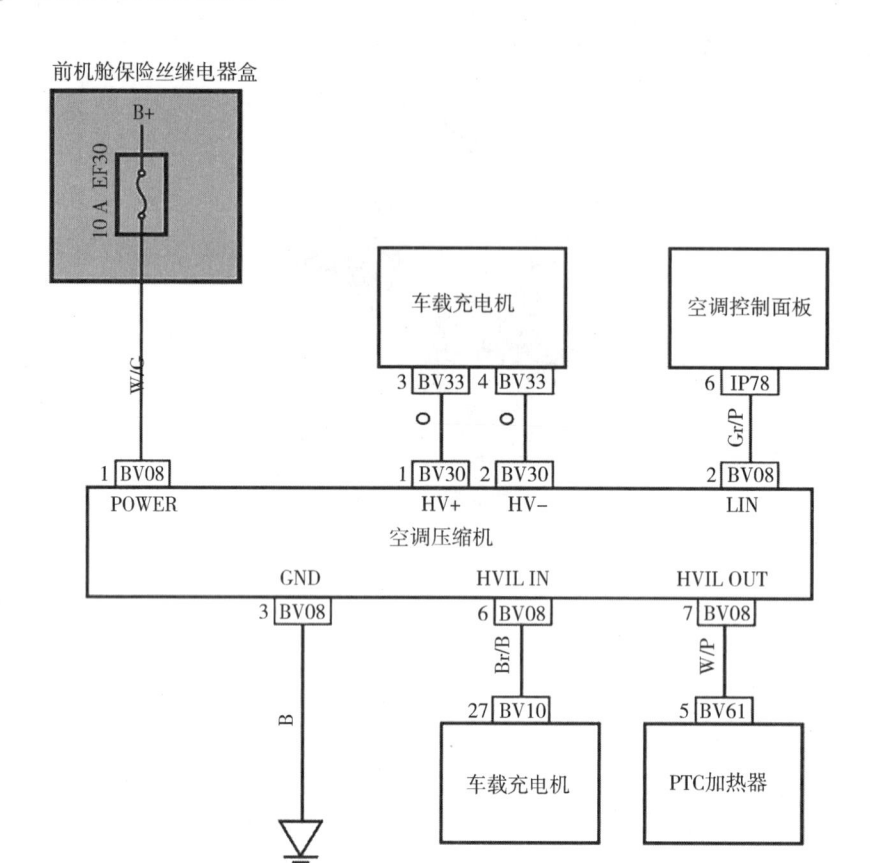

图 5-1-8 电动压缩机的线路

变频控制器采用 IG4 继电器提供的 +B 电源。如果此电源出现故障，将导致变频控制器无法启动，无法与其他模块进行 CAN 数据通信，空调制冷系统将不能工作，出风口没有凉风吹出。

### (二) 冷凝器、储液干燥器

从空调压缩机出来的高温高压制冷剂蒸汽流入冷凝器，冷凝器由能进行快速热传递的铝管和冷却翅片制成，冷却翅片通过散热把高温高压的制冷剂蒸汽凝结成中温高压的液体。储液干燥器位于冷凝器的右侧，与冷凝器焊接成一体。储液干燥器的内部结构设计可以保证中温高压的气液混合制冷剂进入，从储液干燥器出来的是中温高压的液态制冷剂。储液干燥器内部有吸附制冷系统水分的干燥剂，干燥剂不能重复使用。由于下列原因出现泄漏时，储液干燥器芯不能维修只能更换。

(1) 穿孔。

(2) 密封区损坏。

(3) 外界空气进入系统的时间已经很长。

## （三）室外温度传感器

室外温度传感器影响车内空气温度的自动控制：这些传感器都是对温度敏感的热敏元件，传感器的电阻和温度呈反比例对应关系。空调控制模块根据电阻值信息设置内外循环电机、冷暖温度风向电机、鼓风机调速模块等来控制空调温度。室外温度传感器位于车辆前保险杠下面的前格栅区域，空调控制模块使用这个传感器来获知周围空气温度信息，使用该信息空调控制模块会在仪表上显示外部温度。

## （四）环境光及阳光传感器

环境光及阳光传感器位于仪表板上部装饰衬垫左边。环境光及阳光传感器属于光照能量传感器，该传感器可测量阳光照射到车辆所产生的热量，为空调控制模块提供更多的补偿参数。空调控制模块根据车外光照强度和车内空调工况需求，实时自动调整空调风量和冷热风混合比例，让所有乘员均能获得最舒适的感受。

## （五）室内空调主机

室内空调主机位于仪表板内，由鼓风电机、鼓风机调速模块、空调滤清器、加热器芯、蒸发器、膨胀阀、冷暖温度风向控制电机，以及各种空气偏转风门、通风风道构成。

**1. 鼓风电机**

放置鼓风机马达时不可将鼓风机马达的扇风轮作为支承面，禁止触碰扇风轮，防止扇风轮叶片损坏。鼓风机由永磁型马达、鼠笼式风扇组成。鼓风机在不同转速下运转转速的变化取决于鼓风机调速模块。如用户选择最大空调模式，绝大部分进入鼓风机的空气来自乘客舱（内循环）。

**2. 加热器芯**

加热器芯体是加热器系统的主要部件。加热器芯体位于空调主机内，发动机运转时发动机冷却液从发动机被泵入加热器芯体，加热器芯体将来自加热器冷却液的热量传输给流经加热器芯体的空气，加热器芯体有特有的进口和出口暖风水管。拆卸时，加热器芯体的暖风水管路必须完全泄放。

**3. 蒸发器与膨胀阀**

蒸发器位于空调主机的左侧。空调主机安装在车上时，需要将其拆卸，才能安装蒸发器与膨胀阀。拆卸时，蒸发器的制冷剂管路必须完全泄放。维修时，配备独立制冷剂管路的蒸发器必须是已经安装好的。膨胀阀与蒸发器相连，安装于蒸发器的一端，位于蒸发器进口，膨胀阀的一侧连接着空调压缩机的进、排气管，一侧连接着蒸发器的进、排气管，在液体管路内对高压液体制冷剂形成限制，使制冷剂流向蒸发器时成为低压液体。膨胀阀根据空调压力下限、空调压力上限从大到小改变位置。蒸发器在空气进入乘客室之前对其进行冷却和除湿。蒸发器内制冷剂蒸发，从而吸收通过蒸发器气流的热量。空气中的热量传给蒸发器芯的时候，空气中的水分湿气会凝结在蒸发器芯的外表形成水流出。蒸发器上配备温度传感器，以防止其结冰。该传感器对蒸发器上散热片的表面温度进行测量，若其温度低于0℃，压缩机就不会继续工作。若该温度增加至4℃以上，压缩机便重新开始工作。

**4. 制冷剂 R-134a 与润滑油**

制冷剂在空调系统中有吸收热量、携带热量、释放热量的作用。车辆使用 R-134a 制冷剂，制冷剂 R-134a 为无毒、阻燃、透明、无色的液化气体。

当前能用作制冷剂的物质有 80 多种，最常用的是氨、氟利昂类、水和少数碳氢化合物等。1987 年 9 月，加拿大的蒙特利尔市召开了专门性的国际会议，并签署了《关于消耗臭氧层的蒙特利尔协议书》，于 1989 年 1 月 1 日起生效，对氟利昂在 R11、R12、R113、R114、R115、R502 及 R22 等 CFC 类的生产进行限制。1990 年 6 月伦敦召开了该议定书缔约国的第二次会议，增加了对全部 CFC、四氯化碳（$CCL_4$）和甲基氯仿（$C_2H_3CL_3$）生产的限制，要求缔约国中的发达国家在 2000 年完全停止生产以上物质，发展中国家可推迟到 2010 年。另外对过渡性物质 HCFC 提出了 2020 年后的控制日程表。HCFC 中的 R123 和 R134a 是 R12 和 R22 的替代品。

进行需要打开制冷系统管路或部件的维修作业前，我们应参阅制冷剂管路和管接头的处置以及保持化学品稳定性的说明 R-134a 系统加注专用润滑油 MA68EV 合成制冷剂油，此制冷剂油易吸水，需要在密闭容器中进行储存。R-134a 空调系统的内部循环中只能使用 MA68EV 合成制冷剂润滑油。安装螺纹和 O 形密封圈处只能使用 MA68EV 合成制冷剂润滑油，使用其他润滑油会造成压缩机或附件故障。

**5. 空调高压管、空调低压管、空调压力开关**

车辆采用空调高压管与低压管（空调硬管或软管），将空调制冷系统连接成一个密闭的系统，制冷剂与润滑油在这个密闭系统里流动，完成制冷剂的工作循环过程。空调硬管由铝管和相应接头组成，空调软管由橡胶软管和相应的接头组成。

空调压力开关属于三态压力开关，根据空调制冷循环制冷剂压力值，打开或关闭压力开关，传送空调系统压力信号，实现空调系统的压力保护。

以纯电动汽车 EV450 为例。

| 部件 | 项目 | 参数 |
|---|---|---|
| 压缩机 | 类型 | 电动涡旋式压缩机 |
| | 型号 | 06737164（EVH33Y1） |
| | 电磁离合器消耗功率（W） | 无 |
| | 高压电压范围 V | 200～450 |
| | 低压电压范围 V | 9～16 |
| | 绝缘电阻 | 有冷媒时 20 MΩ 以上，无冷媒时 50 MΩ 以上 |
| | 转速范围 | 800～900 rpm |
| | 泄压阀压力 | (3.8±0.3) MPa |
| | 噪声要求 | ≤63 dB（测试条件：4000 rpm 正上方 15 cm 处） |
| 鼓风机 | 最大风量（m³/h） | 500 |
| | 风量调节 | 7 档可调 |
| | 运行温度范围℃ | −30～80 |
| 加热器 | 加热温度范围℃ | −40～120 |
| | 高压模块电压范围 V | 300～450 |
| | 低压模块电压范围 V | 9～16 |
| | 加热功率 | 7.0×（1±5%）出水温度 65 ℃；600 L/h |
| 加热器芯 | 制热量 W | 5.2 kW@流量 6 L/min，进口水温 85 ℃，风量 350 |
| | 空气流量 m³/h | 350 |
| | 进风温度℃ | 20 |
| | 类型 | 直流铝制 |
| 蒸发器芯 | 类型 | 层叠式 |
| | 制冷量 W | 5000 |
| | 空气流量 m³/h | 500 |
| | 进风温度℃ | 27±1℃（干球温度） |
| | H 形膨胀阀（冷吨） | 1.5 |
| 冷凝器 | 类型 | 平行流动式 |
| | 尺寸 L×W×Hmm（in） | 613＊395＊16 |

## 三、新能源汽车空调与传统燃油汽车空调的异同点

### (一) 结构的异同

就目前传统燃油空调系统而言,制冷系统主要通过发动机带动压缩机迫使制冷剂在制冷系统内循环流动,在热交换器中实现热量交换而达到降温的目的。取暖系统需要一个热源,利用热源的热量达到取暖的目的,传统燃油空调系统的热源就是发动机的冷却水。

电动汽车采用电动热泵式空调系统,压缩机不再由发动机带动,而是使用电动机直接驱动。电动汽车通过变频控制技术控制压缩机电动机,并且使用电子膨胀阀进行节流降压,电动汽车空调系统的控制将更加精确,并且节能性更好。

### (二) 控制方法的异同

传统燃油汽车空调系统的控制方法主要是电磁离合器的通断,混合风门位于不同位置时,出风温度发生相应的变化,从而实现出风温度的调节,并通过调节鼓风机的转速达到调节出风风速的目的,从而保证车室内温度值在设定的范围内。

电动汽车使用的热泵式空调系统并没有相应的余热热源,所以它在调节温度时,是通过变频器控制压缩机的转速的,从而达到调节温度的目的。

在电动汽车的热泵空调系统中,制冷量的控制主要依靠压缩机转速的大小,压缩机转速的控制方法如下。

主要以车内温度与设定温度的差值为依据。若两者的差值高于 1 ℃时,为了达到快速降温的目的,设定最大转速,压缩机以最大转速运行,此时制冷量最大,达到快速降温的目的;如果两者的温差低于 1 ℃时,则控制压缩机的转速为最低转速,此时制冷量较小,保证车内温度适宜即可;若两者的温差偏差在 －1~1 ℃之间时,则通过模糊计算的方式,控制压缩机的转速。在这种方法中,输入量为每一个取样时刻的室内温度和设定温度以及两者温差的变化率,压缩机的具体转速是模糊计算而得出的。

除了压缩机的转速外,对车室内温度影响较大的是蒸发器鼓风机的风量大小。人体感受得到最适宜的出风风速并不是越大越好。快速制冷时,用较大的风速达到快速降温的目的,当温度降低后,则需要降低出风风速,因为大风量工作,除了噪声大之外并不能提高车内环境的舒适性。纯电动汽车的空调系统,若仅靠压缩机转速来调节车室内温度,车室内温度的波动较大且系统的稳定运行也会受到影响。所以电动汽车在通过压缩机转速控制车室内温度的同时通过蒸发器内部鼓风机转速协助控制车室内的温度。在车室内温度和设定温度差值较大的情况下,我们让风机高速运行,在两者温差不大的情况下,我们可以采用较小的转速,从而达到车室内温

度得到稳定控制的目的。

## 四、新能源汽车空调系统常见制冷故障

空调常见的故障有：空调系统完全不制冷、制冷量不足、间歇性制冷等。

### （一）空调系统不制冷故障案例

**1. 故障现象**

王先生的比亚迪秦 EV 电动汽车空调出了故障，踩下制动踏板并保持，打开点火开关，"OK"指示灯正常点亮，外界温度显示正常，电子制动器指示灯显示正常。按压空调面板上的制冷开关，启动空调制冷系统，空调面板正常点亮启动，鼓风机正常运转，1分钟后出风口温度无变化，打开前机舱盖发现电子扇不运转，用手触摸空调低压管，低压管温度无变化。再用手触摸空调压缩机外壳，发现空调压缩机不工作。请你为王先生的爱车排除故障。

**2. 故障分析**

电动压缩机分为高压线路和低压线路，其中低压线路分为电源、通信线路两种。我们从空调系统线路图上可以看出，空调压缩机能为制冷系统正常工作的条件可以归纳为5点。

（1）电动压缩机的正负高压电源、正负低压电源、通信线路正常。

（2）电动压缩机本身正常。

（3）制冷系统内部的其他"兄弟"单元部件，比如 VCU、BMS 等正常。

（4）温度信号正常。

（5）空调管路压力信号正常。

也就是说，如果电动压缩机不工作，就要从这5个方面着手逐个排查。

**3. 诊断流程**

这个车辆的故障可以归纳为车辆的空调系统不制冷，电动压缩机不工作，根据前边讲的电路图以及工作原理，我们排除故障的思路可以从刚才讲的5个方面着手逐个排查。

首先车辆正常启动，"OK"指示灯正常点亮，仪表正常，证明：

电动压缩机的正负高压电源、正负低压电源、通信线路都正常。

仪表盘上没有故障指示灯证明：

（1）电动压缩机本身自检正常。

（2）制冷系统内部的其他"兄弟"单元部件，比如 VCM、BMS 等自检正常。

因此，故障原因可能为温度信号或者管路压力信号异常。

接下来我们可以连接诊断仪，访问空调控制器。

如果读取温度的数据流正常，说明温度信号正常，诊断故障点为空调压力信号异常造成的制冷故障，需要更换压力开关或者压力开关的相关线路。

如果读取温度数据流异常，说明故障点为数据流异常的温度传感器本身或传感器的线路异常造成的制冷故障，需要更换温度传感器本身或传感器的线路。

## 拓展知识

### 制冷剂对环境的污染

空调的制冷剂是引起环境污染的主要因素之一。制冷剂是一种气体，它能够在空调系统中循环使用，以冷却空气。制冷剂会逸到大气中，从而破坏臭氧层，进而影响气候变化。制冷剂还会导致温室效应，加剧全球变暖。

使用环保制冷剂是减少空调污染的方法之一。环保制冷剂不会破坏臭氧层，也不会导致温室效应。使用环保制冷剂的空调系统不仅能够减少污染，还能够节约能源。

## 实训任务

排故思路

### 【任务导入】

汽车空调系统在炎热、寒冷气候下通过制冷、制热来为驾驶人员提供温度、湿度适宜的驾乘环境。电动汽车和传统的内燃机车在制冷方面的工作方式相同，均是用电力驱动空调压缩机来进行制冷。但在制热方面有很大的不同，内燃机车通过发动机的热循环来提供热量，电动汽车没有内燃机工作产生热量，只能通过其他方式来为驾驶舱提供热量，如 PTC（Positive Temperature Coefficient）水加热器、热泵空调。纯电动汽车的空调系统相比传统的内燃机车的空调系统还有一个很大的不同点，即纯电动汽车的空调系统需要给动力电池系统进行冷却或预热。因此纯电动汽车空调故障诊断与排除同传统的内燃机车有很大不同。

【任务描述】

王先生的比亚迪秦 EV 电动汽车空调出了故障，踩下制动踏板并保持，打开点火开关，"OK"指示灯正常点亮，外界温度显示正常，电子制动器指示灯显示正常。按压空调面板上的制冷开关，启动空调制冷系统，空调面板正常点亮启动，鼓风机正常运转，1 分钟后出风口温度无变化，打开前机舱盖发现电子扇不运转，用手触摸空调低压管，低压管温度无变化。再用手触摸空调压缩机外壳，发现空调压缩机不工作。请你为王先生的爱车排除故障。

【任务目标】

1. 能叙述纯电动汽车空调系统的主要功能是什么。
2. 能通过实车介绍新能源汽车空调系统的组成，并由此引申"螺丝钉精神"。
3. 能介绍新能源汽车空调系统制冷的工作原理。

【任务准备】

## 一、知识准备

1. 纯电动汽车空调系统的主要功能。
2. 新能源汽车空调系统的组成。
3. 新能源汽车空调系统制冷的工作原理。

请把自己需要掌握的知识点和技能点填入下表。

|  |  |
|---|---|
| 知识点 | 1. |
|  | 2. |
|  | 3. |
| 技能点 | 1. |
|  | 2. |
|  | 3. |

## 二、工作场地

理实一体化教室

## 三、设备准备

新能源实训车辆

**【任务计划与实施】**

学生在教师的引导下分组,以小组为单位学习相关知识,并回答下列问题。

1. 纯电动汽车空调系统的主要功能是什么?

2. 新能源汽车空调系统的组成。

3. 新能源汽车空调系统制冷的工作原理是什么?

**【评价与反馈】**

一、填空题

1. 纯电动汽车空调系统的主要功能除了像传统汽车具有的_____、_____、通风、除霜四个功能外,为了保护动力电池、增强动力电池续航能力以及缩短充电时间,整车空调系统还负责动力电池的热管理,即充电、运行时的_____和_____。

2. 空调最核心的部件非_____莫属,一台压缩机可以占整台空调成本的_____,制冷系统的好坏也与压缩机有着密切的关系,由_____来驱动。

二、判断题

1. (　　) 纯电动汽车的压缩机类型一般为电动涡旋式,压缩机控制器与压缩机集成一体。

2. (　　) 新能源汽车空调与传统燃油汽车空调完全相同。

3. (　　) 车辆使用 R-134a 制冷剂无毒。

4. (　　) 空调最核心的部件是压缩机。

## 三、技能考核

**实操演示**

### 学生实践记录表

| 班级 | | 车型及年款 | | 配分 | 得分 |
|---|---|---|---|---|---|
| 姓名 | | 学号 | | 100 | |
| 实践设备 | | | | 5 | |
| 资料查阅 | | | | 10 | |
| 实施流程 | 绘制新能源汽车空调系统制冷故障诊断思路导图。 | | | 30 | |
| | 对新能源汽车空调系统制冷故障点进行检测。 | | | 30 | |
| 归纳总结 | | | | 15 | |
| | 6S 整理：整理□ 整顿□ 清扫□ 清洁□ 素养□ 安全□ | | | 10 | |
| 自我评价 | 良好□ 合格□ 不合格□ 分数_____ | | | | |
| 教师评价 | 良好□ 合格□ 不合格□ 分数_____ | | | | |

## 任务二　空调制热异常

### 知识学习

#### 一、新能源汽车空调制热系统工作原理

电动汽车与传统汽车的空调系统有较大区别，主要是两者的驱动动力不同。电动汽车第一无法通过发动机提供动力给制冷系统的压缩机，第二没有相应的发动机余热作为取暖装置的热源。所以，电动汽车空调系统在采暖系统中必须设置单独的供暖功能。因为电动汽车独有的特点，目前电动汽车空调分为半导体式（热电偶）、电动热泵加热式、PTC加热式等。

目前，新能源汽车空调制热系统最常用的是正温度系数的热敏电阻PTC加热器直接加热空气或水的方式。EV系列采用的是PTC加热冷却液后通过暖风芯体加热空气的制热方式。

新能源汽车空调制热系统的作用是提供暖风，与蒸发器一起发挥作用，将空气调节到使人感到舒适的温度，多用于除雾。除此之外，当车辆在充电及正常上电的情况下，系统根据动力电池的温度信息启动PTC水加热器，给动力电池迅速升温，从而达到最佳的工作温度。当动力电池达到最佳的工作温度时，关闭PTC水加热器。

新能源汽车空调系统制热原理，如图5-2-1所示。

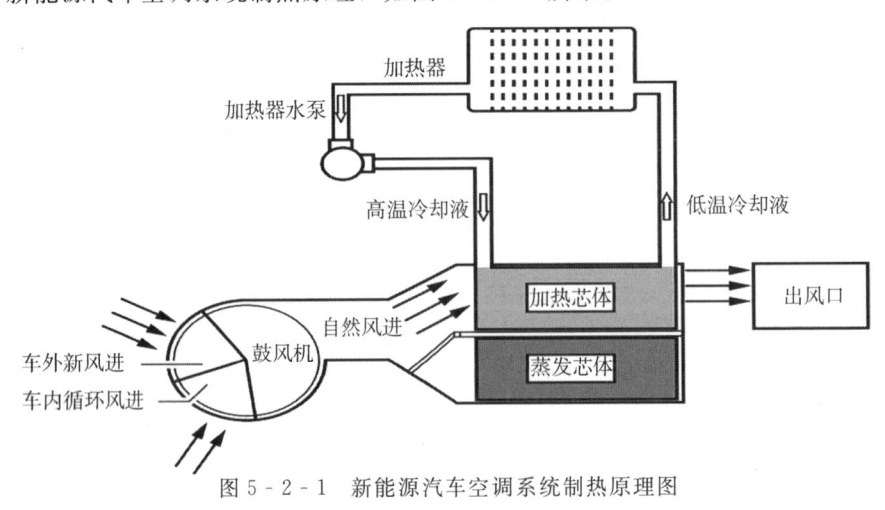

图5-2-1　新能源汽车空调系统制热原理图

## 二、新能源汽车空调制热系统组成

### (一) 加热水泵

加热水泵的作用是让冷却液一直处于循环状态，图 5-2-2 为加热水泵实物图。

图 5-2-2 加热水泵

如图 5-2-3 所示，吉利帝豪 EV450 的空调加热水泵线路图，从图中我们可以看出空调控制器的端子 IP80/8 通过 ER11 继电器、保险 EF13，为加热水泵供电。

如果暖风继电器或其线路、保险丝、空调控制器的控制信号、加热水泵自身、接地等出现故障，都会导致加热水泵无法工作。如果在车辆充电时需要预热，加热水泵不工作，那么动力电池内部温度低于充电时设定的最低温度值，就可能导致整车充电时间延长，严重时甚至无法充电。如果驾驶员有空调制热需求时，加热水泵不工作，PTC 加热器两端的冷却液将无法循环，那么出风口将无暖风吹出。

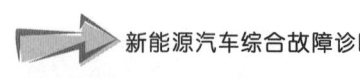

图 5-2-3 吉利帝豪 EV450 的空调加热水泵线路图

### (二) PTC 加热器

PTC 是一种热敏电阻型的加热系统，和电炉丝原理类似，产热原理比较容易理解，电流通过加热电阻从而产生热量，两者最大的区别就是使用了不同材质的电阻。

与电炉使用的普通电阻丝不同的是，新能源汽车上的 PTC 使用的是半导体的热敏电阻。个别的新能源汽车的空调通过空调驱动器将高压电向 8 条 PTC 发热元件供电，每条发热元件的功率可达 300 W 至 600 W，可直接对空气或者制冷剂加热，成为采暖系统的热源。最早的 PTC 制热方式，是将空气加热后直接送往车室内以提高车内温度。但是人们发现这样的方式效率较低，所以，后期用水作为加热介质，先通过PTC加热元件加热水，将热水送往风道内部的换热器，再将通过热水加热的热空气送往车室内或者风窗玻璃，用以提高车室内温度或者风窗玻璃除霜。

PTC加热器具有结构简单、成本低、制热快的特点。一些中低端的新能源汽车车型中广泛采用。当然，有个别定位或中高端的车型也有采用PTC加热器的。例如，蔚来ES8的暖风系统，并且在这款车型的加热器中，装有两个PTC加热器。

PTC加热器的缺点也很明显：PTC加热器使用时耗电量较大，从而对新能源汽车的续航能力产生了较大的影响；PTC加热器的热能利用率较低。所以，一些中高端车型为了提高电动车的续航里程，弃用了PTC加热器而采用了热泵式空调系统。

PTC加热器主要由PTC加热器的热敏电阻、散热扇、散热器管路及相应的控制板组成，并且主要设置在驾驶及副驾驶中间的地板下。PTC加热器在工作时为了满足采暖要求，使用的是驱动电机的高压电池，而不是辅助电池。所以新能源汽车也可以不通过加热介质，直接加热空气，并把加热后的空气直接送往驾驶室。

实质上PTC元件就是一种具有正温度系数的热敏电阻器，既可以在检测温度时使用，也可用当作热敏开关使用。

### 三、新能源汽车空调系统常见制热故障

#### （一）故障现象

王先生的比亚迪秦EV电动汽车，开启空调制热功能，待空调运行几分钟后，空调出风口温度无变化，出风量正常。调节温度旋钮，温度翻板转动，打开前机舱盖发现加热水泵不工作，通过观察，他发现防冻液补水壶中防冻液液面逐渐升高，严重时防冻液会溢出。请你为王先生的爱车排除故障。

#### （二）故障分析

防冻液液面逐渐升高，严重时溢出证明PTC水加热器应该是工作的，结合故障现象及工作原理，我们发现故障原因是加热水泵不工作导致冷却液不循环，之后我们继续排查故障点在加热水泵自身还是在加热水泵的线路上。

#### （三）诊断流程

首先，我们检测加热水泵线路的电压是否良好。

打开点火开关，测量加热水泵的b42/1端子对地电压是否正常，如果电压值正常，推断加热水泵接地线路或自身可能存在故障，需要更换接地线或者加热水泵。如果加热水泵的b42/1端子对地电压异常，那么继续打开点火开关，测量f1/18保

险丝两端对地电压。

如果f1/18保险丝两端电压值都正常，即都是蓄电池电压值，则继续测量保险丝与加热水泵之间线路的导通性，如果线路阻值异常，就需要更换此段线路；如果线路阻值正常，就需要更换插接器。

如果f1/18保险丝两端电压值只有输入端正常，输出端电压值为0，则继续判断加热水泵与保险丝间的线路对地是否有虚接或短路。如果线路有虚接或短路，就检修线路，如果线路没有故障，我们可以推断出是保险丝损坏，需要更换保险丝f1/18。

如果f1/18保险丝两端电压值都为0，或者为方波电压脉冲，则继续测量k1-15加热水泵继电器的好坏。如果继电器损坏，需要更换继电器，如果继电器正常，继续检测继电器与空调控制器之间线路的导通性，线路异常需要更换此段线路，线路正常需要更换空调控制器。

如果f1/18保险丝两端电压值输入端正常，输出端低于正常值，则需要更换保险丝。

上述步骤都不能排除故障，我们就要继续检测加热水泵接地线路对地电压是否正常，电压正常则更换加热水泵，电压异常则需要检修水泵接地线路。

## 拓展知识

### 汽车空调技术的发展历程

1925年，美国出现了利用汽车发动机冷却液通过加热器取暖的方法。1927年出现了由加热器、风机和空气滤清器等组成的较为完整的供热系统。欧洲在1948年才开始在汽车上使用这种供热系统；日本的汽车上出现供热系统则是在1954年。目前，寒冷的北欧、亚洲的北部地区仍在使用这种只有取暖功能的空调系统。

1939年，美国首先在轿车上安装机械式制冷降温空调，这种单一冷气装置只能在夏天起降温的作用。在1950年，美国石油产地的炎热天气使这种单一降温空调汽车得以迅速发展。到了1957年，欧洲和日本也开始在汽车上加装能制冷降温的空调。

1954年，美国通用汽车公司率先在轿车上安装了冷暖一体化空调器，汽车空调才开始具有调控车内温度和湿度的功能。目前的冷暖一体化空调基本上都具有调温、除湿、通风、过滤、除霜等功能，并在各种汽车上得到广泛应用。

人工操纵的冷暖一体化汽车空调增加了驾驶员的工作量,且不容易实现最佳的空气调节质量。因此,自从冷暖一体化汽车空调出现,人们就着手研究自动控制的汽车空调。1964 年,通用公司率先在轿车上安装了由模拟电子控制器来实现自动控制的汽车空调器;从 1972 年开始,日本和欧洲的各汽车公司也在其生产的高级轿车上安装了自动空调器。这种自动空调系统可预先设置温度,空调能自动工作,将车内空气的温度控制在设定的范围之内。

1973 年,美国和日本联合研究由微处理器控制的汽车空调系统,并在 1977 年安装于汽车上。相比于模拟控制器控制的自动空调器,微处理器控制的自动空调系统功能更多,进一步提高了汽车的整体性能和乘坐的舒适性。这种以微处理器为控制核心的自动空调系统已在中高档轿车上及豪华客车上得到了广泛的应用,并逐渐向普通汽车推广。

## 实训任务

**【任务导入】**

新能源汽车空调制热系统的作用是提供暖风,与蒸发器一起发挥作用,将空气调节到使人感到舒适的温度,多用于除雾和冬天供暖。除此之外,当车辆在充电及正常上电的情况下,系统根据动力电池的温度信息启动 PTC 水加热器,给动力电池迅速升温,从而达到最佳的工作温度。当动力电池达到最佳的工作温度时,停止启动 PTC 水加热器。

排故思路

**【任务描述】**

王先生的比亚迪秦 EV 电动汽车,开启空调制热功能,待空调运行几分钟后,空调出风口温度无变化,出风量正常。调节温度旋钮,温度翻板转动,打开前机舱盖,发现加热水泵不工作,通过观察,他发现防冻液补水壶中防冻液液面逐渐升高,严重时会有防冻液溢出。请你为王先生的爱车排除故障。

**【任务目标】**

1. 能叙述新能源汽车空调制热系统的工作原理。

2. 能通过实车介绍新能源汽车空调制热系统的组成。

3. 能介绍 PTC 加热器的工作原理。

4. 能介绍新能源汽车空调制热系统的作用是什么。

## 【任务准备】

### 一、知识准备

1. 新能源汽车空调制热系统的工作原理。
2. 新能源汽车空调制热系统的组成。
3. 新能源汽车空调制热系统的作用。

请把自己需要掌握的知识点和技能点填入下表。

| | |
|---|---|
| 知识点 | 1. |
| | 2. |
| | 3. |
| 技能点 | 1. |
| | 2. |
| | 3. |

### 二、工作场地

理实一体化教室

### 三、设备准备

新能源实训车辆

## 项目五 纯电动汽车空调故障诊断与排除

**【任务计划与实施】**

学生在教师的引导下分组,以小组为单位学习相关知识,并回答下列问题。

1. 新能源汽车空调制热系统的工作原理是什么?

2. 新能源汽车空调制热系统包括哪些部分?

3. 新能源汽车空调制热系统的作用是什么?

**【评价与反馈】**

**一、填空题**

1. 电动汽车与传统汽车的空调系统是_____较大区别的,这主要是由于两者的驱动动力_____造成的。

2. 当车辆在_____及正常上电的情况下,系统根据动力电池的温度信息启动_____,给动力电池迅速_____,从而达到最佳的工作温度。当动力电池达到最佳的工作温度时,停止启动_____。

**二、判断题**

1. (    ) 新能源汽车加热水泵的作用是让冷却液一直处于循环状态。

2. (    ) 新能源汽车加热水泵不工作,空调出风口将无暖风吹出。

3. (    ) PTC加热器具有结构简单、成本低、制热快的特点。

4. (    ) EV系列采用的是PTC加热冷却液后通过暖风芯体加热空气的制热方式。

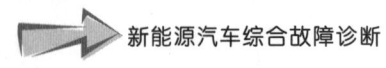

## 三、技能考核

### 学生实践记录表

| 班级 | | 车型及年款 | | 配分 | 得分 |
|---|---|---|---|---|---|
| 姓名 | | 学号 | | 100 | |
| 实践设备 | | | | 5 | |
| 资料查阅 | | | | 10 | |
| 实施流程 | 绘制新能源汽车空调系统制热故障诊断思路导图。 | | | 30 | |
| | 对新能源汽车空调系统制热故障点进行检测。 | | | 30 | |
| 归纳总结 | | | | 15 | |
| 6S整理：整理□ 整顿□ 清扫□ 清洁□ 素养□ 安全□ | | | | 10 | |
| 自我评价 | 良好□ 合格□ 不合格□ 分数_____ | | | | |
| 教师评价 | 良好□ 合格□ 不合格□ 分数_____ | | | | |